BUNDT KOLEKSİYONU TARİF KİTABI

Her Damak zevkine uygun 100 Bundt Başyapıt Üretmek

Gamze Aslan

Telif Hakkı Malzemesi ©2024

Her hakkı saklıdır

Bu kitabın hiçbir bölümü, incelemede kullanılan kısa alıntılar dışında, yayıncının ve telif hakkı sahibinin uygun yazılı izni olmadan, hiçbir şekilde veya yöntemle kullanılamaz veya aktarılamaz. Bu kitap tıbbi, hukuki veya diğer profesyonel tavsiyelerin yerine geçmemelidir.

İÇİNDEKİLER

İÇİNDEKİLER 3
GİRİİŞ 6
MEYVELİ KEKLER 7
   1. Kirazli Bundt Kek 8
   2. Baharatli Trabzon Hurmasi Bundt Kek 10
   3. Pembe Limonlu Ade Bundt Kek 12
   4. Baharatli Erikli-Erikli Kek 14
   5. Limonlu Hindistan Cevizli Pound Kek 17
   6. Kan Portakalli Mimoza Bundt Kek 19
   7. Yaban Mersinli Bavarois Bundt Kek 22
   8. Kuru Üzüm Gugelhupf 25
   9. 7'li Paket Kek 27
   10. Balkabaği ve Kizilcik Bundt Kek 29
   11. Buzlu Elmali Baharatli Bundt Kek 31
   12. Şeftali Melba Bundt Kek 34
   13. Mangolu Çarkifelek Meyveli Kek 36
   14. Armut ve Zencefilli Bundt Kek 38
   15. Çilekli Ravent Bundt Kek 40
   16. İncirli ve Balli Bundt Kek 42
   17. Tropikal Muzlu Hindistan Cevizli Bundt Kek 44
   18. Çilekli Girdapli Krem Peynirli Bundt Kek 46
   19. İncirli Cevizli Bundt Kek 48
   20. Tropikal Muzlu Bundt Kek 50
BOTANİK BUNDT KEKLER 52
   21. Kelebek Bezelye Mermer Bundt 53
   22. Limonlu Papatyali Balli Bundt Kek 56
   23. Limonlu ve Haşhaşli Bundt Kek 59
   24. Hibiscus Sirli Vanilyali Çiçekli Bundt Kek 62
   25. Beyaz Çikolatali Frambuazli Kek 65
   26. Hibiscus-Limonlu Mini Bundt Kek 68
   27. Lavanta Balli Pound Kek 71
   28. Hibiscus Sirli Hindistan Cevizli Bundt Kek 73
   29. Manolyali Karamelli Bundt Kek 76
   30. Kiraz Çiçeği Bundt Kek 79
   31. Limonlu Zencefil Bundt Kek 82
   32. Gül Fistikli Bundt Kek 85
   33. Earl Grey Çay Bundt Kek 87
   34. Portakal Çiçeği Bademli Bundt Kek 89

35. Adaçayı ve Narenciye Bundt Kek 91
36. Kakule Armutlu Bundt Kek 93
37. Kekik ve Ballı Şeftali Bundt Kek 95
38. Yaseminli Yeşil Çaylı Kek 97

CEVİZLİ KEKLER 99

39. Pralin Bundt Kek 100
40. Fıstık Ezmesi ve Jöle Girdaplı Bundt Kek 103
41. Akçaağaç Cevizli Streusel Bundt Kek 105
42. Çılgın Banoffee Bundt Kek 107
43. Sırlı Bademli Bundt Kek 109
44. Fıstıklı Bundt Kek 112
45. Cevizli Turta Bundt Kek 115
46. Fındıklı Çikolatalı Girdaplı Kek 118
47. Kaju Hindistan Cevizli Bundt Kek 120
48. Cevizli Ballı Baharatlı Kek 122
49. Macadamia Mangolu Bundt Kek 124
50. Kestane Çikolatalı Bundt Kek 126
51. Bademli Kayısılı Bundt Kek 128

KAHVELİ KEKLER 130

52. Cappuccino Bundt Kek 131
53. Kahve Çiseleyen Mocha Bundt Kek 133
54. Ekşi Kremalı Kahveli Kek 136
55. Ganajlı Espresso Bundt Kek 138
56. Mocha Mermer Bundt Kek 141
57. İrlanda Kahveli Bundt Kek 144
58. Vanilyalı Süt Bundt Kek 146
59. Çikolatalı Espresso Fasulyeli Bundt Kek 148
60. Tarçınlı Kahve Streusel Bundt Kek 150
61. Fındıklı Kahveli Bundt Kek 152
62. Tiramisu Bundt Kek 155
63. Kahveli Cevizli Bundt Kek 158

ÇİKOLATALI KEKLER 161

64. Çikolatalı Kek 162
65. Hershey'nin Kakaolu Bundt Pastası 164
66. Çikolatalı Zencefilli Bundt Kek 166
67. Nutellalı Bundt Kek 168
68. Çikolatalı Bundt Kek 171
69. Oreo Bundt Vanilyalı Kremalı Kek 174
70. Üçlü Çikolatalı Fudge Bundt Kek 178
71. Çikolatalı Ahududu Girdaplı Bundt Kek 181
72. Bitter Çikolatalı Portakallı Bundt Kek 184

PEYNİRLİ KEKLER 187

73. Kırmızı Kadife Bundt Kek 188

74. Balkabağı Krem Peynirli Bundt Kek 190
75. Limonlu Krem Peynirli Bundt Kek 193
76. Çikolatalı Krem Peynirli Bundt Kek 196
77. Çızkek-Döner Havuçlu Kek 199
78. Limonlu Çilekli Çızkek Bundt Kek 202
79. Yaban Mersinli Limonlu Mascarpone Bundt Kek 205
80. Ricotta Portakallı Bademli Bundt Kek 208
81. Akçaağaç Cevizli Krem Peynirli Kek 210
82. Frambuazlı Beyaz Çikolatalı Peynirli Kek 213

SARILMIŞ BUNDT KEKLER 216

83. Limoncello Bundt Kek 217
84. Baileys Pound Kek 220
85. Viski Soslu İrlanda Kahveli Kek 223
86. Amaretto Bundt Pastası 226
87. Romlu Üzüm Bundt Kek 229
88. Bourbon Çikolatalı Bundt Kek 231
89. Grand Marnier Portakallı Bundt Kek 233
90. Kahlua Çikolatalı Bundt Kek 235
91. Baharatlı Rom ve Ananaslı Bundt Kek 237
92. Brendi ile Islatılmış Vişneli Bademli Bundt Kek 240
93. Prosecco Ahududu Bundt Kek 243
94. Tekila Limonlu Bundt Kek 246

RENKLİ VE YARATICI 249

95. Gökkuşağı Girdaplı Bundt Kek 250
96. Batık Bundt Kek 252
97. Napoliten Bundt Kek 254
98. Portakallı Kremalı Bundt Kek 256
99. Konfeti Funfetti Bundt Kek 258
100. Şeker Patlama Bundt Kek 260

ÇÖZÜM 263

GİRİİŞ

"Bundt Koleksiyonu Tarif Kitabı: Her Damak Tadına Uygun 100 Bundt Başyapıtı Hazırlamak" kitabına hoş geldiniz. Bundt kekleri tatlılardan daha fazlasıdır; her biri kendine özgü tadı, dokusu ve görünümü olan birer sanat eseridir. Nesilden nesile aktarılan klasik tariflerden geleneksel pişirmenin sınırlarını zorlayan yenilikçi yaratımlara kadar bundt kekler her zevke ve duruma uygun bir şeyler sunar.

Merkezi deliği ve dekoratif çıkıntılarıyla kek pastasının ikonik şekli, onu anında tanınabilir ve sonsuz derecede çok yönlü kılar. İster özel bir kutlama için yemek yapıyor olun, ister sadece tatlı bir ikramın tadını çıkarıyor olun, bundt pastası asla etkilemeyi başaramayan zamansız bir klasiktir. Bu tarif kitabıyla, pişirme oyununuzu geliştirecek ve damak tadınızı memnun edecek bundt kek tarifleri hazinesini keşfedeceksiniz.

Zengin çikolata ve kadifemsi kırmızı kadifeden lezzetli limon ve hoş kokulu vanilyaya kadar, konu bundt keklere gelince lezzet olanakları sonsuzdur. İster basit, zahmetsiz tarifleri, ister duyuları kamaştıran ayrıntılı yaratımları tercih edin, bu sayfalarda bolca ilham bulacaksınız. Her tarif kusursuz sonuçlar sağlamak için titizlikle test edilmiş ve mükemmelleştirilmiştir, böylece acemi fırıncılar bile profesyonel kalitede bundt keklerini kolaylıkla elde edebilir.

Ancak bu tarif kitabı bir tarif koleksiyonundan daha fazlasıdır; bu, pişirme keyfinin ve güzel tatlılar yaratma sanatının bir kutlamasıdır. İster kendiniz için, ister aileniz için, ister istekli misafirlerden oluşan bir kalabalık için yemek yapıyor olun, fırından çıkan, altın renkli ve hoş kokulu, herkesin tadını çıkarmaya hazır bir kek pastasını izlemenin son derece tatmin edici bir yanı vardır.

Bu nedenle, ister repertuvarınızı genişletmek isteyen deneyimli bir fırıncı olun, ister işin püf noktalarını öğrenmek isteyen yeni başlayan biri olun, "Bundt Koleksiyonu Tarif Kitabı"nda sizin için bir şeyler var. Her tarifin üretilmeyi ve tadına varılmayı bekleyen bir başyapıt olduğu bundt kekler dünyasında leziz bir yolculuğa çıkmaya hazır olun.

MEYVELİ KEKLER

1.Kirazlı Bundt Kek

İÇİNDEKİLER:
- 1 paket çikolatalı kek karışımı
- 21 ons kutu kirazlı turta dolgusu
- ¼ su bardağı sıvı yağ
- 3 yumurta
- Kiraz Sırlaması

TALİMATLAR:
a) Karıştırın ve yağlanmış bir Bundt kalıbına dökün.
b) 350 derecede 45 dakika pişirin.
c) Tavada 30 dakika soğumaya bırakın, ardından çıkarın.

2.Baharatlı Trabzon Hurması Bundt Kek

İÇİNDEKİLER:

- 2 adet yumuşak, olgun hurma
- ¼ bardak akçaağaç şurubu
- 2 su bardağı şeker
- 1 kutu hindistan cevizi sütü
- ½ su bardağı bitkisel yağ
- 1 ½ su bardağı çok amaçlı un
- 1 ½ su bardağı kepekli un
- 1 çay kaşığı tarçın
- 1 çay kaşığı zencefil
- 1 çay kaşığı hindistan cevizi
- ¼ çay kaşığı öğütülmüş karanfil

TALİMATLAR:

a) Fırını 350 dereceye kadar önceden ısıtın. Kek kalıbını veya kelepçeli kalıbı yağlayıp bir kenara koyun.

b) Hurmaların etini çıkarın ve geniş bir kaseye koyun. Akçaağaç şurubu, şeker, hindistan cevizi sütü ve bitkisel yağı ekleyin. Malzemeleri birleşene kadar çırpın.

c) Başka bir büyük kapta, tüm kuru malzemeleri birleştirin ve birleşene kadar çırpın.

ç) Islak olanı yavaşça kuru kaseye dökün. Fazla karıştırmamaya dikkat ederek birleşene kadar lastik bir spatula ile karıştırın!

d) Karışımı hazırlanan kek kalıbına dökün ve pişirmek için fırına koyun.

e) dakika. Kekin ortasına batırdığınız kürdan temiz çıktığında pişmiş demektir.

3.Pembe Limonlu Ade Bundt Kek

İÇİNDEKİLER:

- 1 paket Sarı kek karışımı
- 1 küçük paket limonlu jöle
- 4 yumurta
- ¾ su bardağı kayısı nektarı
- ¾ su bardağı sıvı yağ
- 1 küçük kutu dondurulmuş pembe limonata, çözülmüş

TALİMATLAR:

a) İlk 5 malzemeyi karıştırın ve 4 dakika çırpın.
b) Yağlanmış ve unlanmış bir Bundt kalıbına dökün.
c) 350 derecelik fırında 40-45 dakika pişirin.
ç) Tavadan alıp kek tabağına ters çevirin.
d) Sıcakken kekin üzerine pembe limonatayı dökün.

4.Baharatlı Erikli-Erikli Kek

İÇİNDEKİLER:

- 2 bardak Çekirdekleri çıkarılmış ve dörde bölünmüş İtalyan Erik erikleri, yumuşayıncaya kadar pişirilir ve soğutulur
- 1 fincan Tuzsuz tereyağı, yumuşatılmış
- 1¾ bardak Toz şeker
- 4 Yumurtalar
- 3 bardak Elenmiş un
- ¼ fincan Tuzsuz tereyağı
- ½ pound Toz şeker
- 1½ yemek kaşığı Şekersiz kakao
- Tutam tuzu
- 1 çay kaşığı Tarçın
- ½ çay kaşığı Öğütülmüş karanfil
- ½ çay kaşığı Öğütülmüş hindistan cevizi
- 2 çay kaşığı Karbonat
- ½ bardak Süt
- 1 fincan Ceviz, ince kıyılmış
- 2 3 yemek kaşığı kadar güçlü, sıcak
- Kahve
- ¾ çay kaşığı Vanilya

TALİMATLAR:

a) Fırını 350°F'ye önceden ısıtın. 10 inçlik bir Bundt tavasını yağlayın ve unlayın.

b) Büyük bir karıştırma kabında tereyağını ve şekeri hafif ve kabarık olana kadar krema haline getirin.

c) Yumurtaları tek tek çırpın.

ç) Unu, baharatları ve kabartma tozunu bir elek içerisinde birleştirin. Üçte bir oranında un karışımını sütle dönüşümlü olarak tereyağ karışımına ekleyin. Sadece malzemeleri birleştirmek için çırpın.

d) Pişmiş kuru erik ve cevizleri ekleyin ve birleştirmek için karıştırın. Hazırlanan tavaya çevirin ve 350°F fırında 1 saat veya kek tavanın kenarlarından büzülmeye başlayana kadar pişirin.

e) Kremayı hazırlamak için tereyağını ve şekerleme şekerini birlikte krema haline getirin. Tamamen birleşene kadar sürekli karıştırarak yavaş yavaş şeker ve kakao tozunu ekleyin. Tuzlu sezon.

f) Bir seferde az miktarda kahveyi karıştırın.

g) Hafif ve kabarık olana kadar çırpın, ardından vanilyayı ekleyin ve pastayı süsleyin.

5.Limonlu Hindistan Cevizli Pound Kek

İÇİNDEKİLER:
- Yağlama için bitkisel yağ
- 3 su bardağı çok amaçlı un, ayrıca unlamak için daha fazlası
- 1 pound (4 çubuk) tuzlu tereyağı, oda sıcaklığında
- 8 ons krem peynir, oda sıcaklığında
- 3 su bardağı toz şeker
- 6 yumurta
- 4 ons anlık limonlu puding karışımı
- ¼ bardak şekerli kıyılmış hindistan cevizi
- 3 yemek kaşığı limon suyu
- 2 büyük limonun kabuğu rendesi
- 2½ çay kaşığı hindistan cevizi özü
- 2 çay kaşığı vanilya özü

GLAZÜR İÇİN:
- 1½ su bardağı pudra şekeri
- 3 ila 4 yemek kaşığı limon suyu
- 1 çay kaşığı hindistan cevizi özü

TALİMATLAR:
a) Fırını önceden 325 derece F'ye ısıtın. Bir Bundt tavasını yağlayın ve unlayın.

b) Bir stand mikserinde veya el mikseri olan büyük bir karıştırma kabında, tereyağını ve krem peyniri orta hızda yaklaşık 2 ila 3 dakika boyunca krema haline getirin. Şekeri ekleyip yumurtaları eklemeye başlayın. İyice birleşene kadar orta hızda karıştırın.

c) Unu yavaş yavaş, azar azar ekleyin. Daha sonra puding karışımını, rendelenmiş hindistan cevizini, limon suyunu ve kabuğu rendesini, hindistan cevizi özünü ve vanilyayı ekleyin. Hamuru krema kıvamına gelinceye kadar orta hızda karıştırın.

ç) Hazırladığınız kek hamurunu kalıba dökün. 1 saat 25 dakika veya bitene kadar pişirin. Keki fırından çıkarın ve kalıptan çıkarmadan önce soğumasını bekleyin.

d) Kek soğurken glazürü hazırlayın. Orta boy bir kapta pudra şekeri, limon suyu ve hindistan cevizi özünü birleştirin ve topak kalmayıncaya kadar çırpma teli ile karıştırın. Sırları pastanın her yerine gezdirin ve servis yapmadan önce 5 dakika bekletin.

6.Kan Portakallı Mimoza Bundt Kek

İÇİNDEKİLER:
- 1 ½ bardak (3 çubuk) tuzsuz tereyağı, oda sıcaklığında
- 2 ¾ su bardağı toz şeker
- 5 büyük yumurta, oda sıcaklığında
- 3 su bardağı elenmiş kek unu
- ½ çay kaşığı tuz
- 1 bardak pembe Moscato veya Şampanya
- 3 yemek kaşığı portakal kabuğu rendesi
- 1 yemek kaşığı saf vanilya özü

BASİT ŞURUP:
- ½ fincan pembe Moscato veya Şampanya
- ½ su bardağı toz şeker
- ¼ bardak taze kan-portakal suyu

TURUNCU SIR:
- 1 ½ su bardağı şekerleme şekeri
- 3 yemek kaşığı taze kan portakal suyu

TALİMATLAR:

a) Fırını önceden 315 derece F'ye ısıtın. 10 fincanlık Bundt tavasına yapışmaz pişirme spreyi püskürtün.
b) Stand mikserinin kasesinde şekeri portakal kabuğu rendesi ile birleştirin. Lezzetini, kokusu çıkana kadar şekere sürün.
c) Tereyağı ve tuzu kaseye ekleyin ve şekerle birlikte kremalayın. Tereyağı açık sarı ve kabarık hale gelinceye kadar 7 dakika boyunca orta-yüksek devirde çırpın.
ç) Yumurtaları teker teker ekleyin, her eklemeden sonra iyice birleştirin ve gerektiğinde kasenin kenarlarını kazıyın.
d) Hızı düşürün ve yavaş yavaş unu iki parti halinde ekleyin, birleşene kadar karıştırın. Aşırı karıştırmayın.
e) Moscato'yu dökün ve birleşene kadar karıştırın.
f) Hamuru hazırlanan tavaya dökün ve 70-80 dakika veya kekin ortasına batırdığınız kürdan temiz çıkana kadar pişirin.
g) Servis tabağına ters çevirmeden önce pastayı en az 10 dakika tavada soğumaya bırakın. Oda sıcaklığına soğumaya bırakın.

BASİT ŞURUP İÇİN:

ğ) Orta ateşteki küçük bir tencerede, tüm malzemeleri birleştirin ve orta-yüksek ateşte pişirin.
h) Karışımı koyulaşana kadar yaklaşık üçte bir oranında azaltın, yaklaşık 5 dakika.
ı) Isıdan çıkarın ve tamamen soğumasını bekleyin.

İÇİN :

i) Küçük bir kasede tüm malzemeleri kıvam alana kadar çırpın.
j) Pastayı Birleştirmek İçin:
k) Soğuyan kekin her yerine kürdan veya çatalla delikler açın.
l) Basit şerbeti kekin üzerine dökün ki emilsin. İstenirse tekrarlayın.
m) Son olarak kremayı kekin üzerine gezdirin ve 10 dakika bekletin.
n) Kutlamalar veya özel günler için mükemmel olan bu enfes Kan Portakallı Mimoza Pastasının tadını çıkarın!

7.Yaban Mersinli Bavarois Bundt Kek

İÇİNDEKİLER:
BAVAROIS:
- 6 yaprak jelatin
- 250 gr yaban mersini + garnitür için ekstra
- 1 misket limonunun suyu
- 75 gr pudra şekeri
- 200 ml elma suyu
- 1 poşet vanilya şekeri
- 300ml krem şanti
- 1 ejder meyvesi
- 125 gr ahududu
- 125 gr böğürtlen

MUTFAK ALETLERİ:
- Mikser
- Paket formu (1 litre)

TALİMATLAR:

a) Jelatin tabakalarını 5 dakika soğuk suda bekletin.
b) Yaban mersinlerini bir blenderde veya bir el blenderi kullanarak püre haline getirin.
c) Yaban mersini püresini bir tencereye dökün ve kaynatın.
ç) Islatılmış ve sıkılmış jelatini püreye ekleyin, tamamen eriyene kadar karıştırın.
d) 1 limonun suyunu sıkın.
e) Püre haline getirilen meyvelere limon suyu, 50 gram pudra şekeri, elma suyu ve vanilya şekeri ekleyin.
f) Karışımı yaklaşık 30 dakika veya koyulaşmaya başlayana kadar buzdolabında saklayın.
g) 250 ml krem şantiyi mikser yardımıyla sertleşinceye kadar çırpın.
ğ) Çırpılmış kremayı meyve karışımına yavaşça katlayın.
h) Bundt formunu kurutmadan soğuk suyla durulayın.
ı) Meyve ve krema karışımını hazırlanan Bundt formuna kaşıkla dökün.
i) Buzdolabına koyun ve en az 4 saat bekletin.
j) Ejder meyvesini ikiye bölün ve içini çıkarın.
k) Ejder meyvesinin etini çatalla ezip bir tencereye koyun.
l) Kalan kremayı ve şekeri tencereye ekleyin.
m) Karışımı düşük ateşte ısıtın ve pürüzsüz bir sos haline gelinceye kadar çırpma teli ile karıştırın.
n) Sosu soğumaya bırakın ve kullanıma hazır olana kadar buzdolabında saklayın.
o) Bavarois'i dikkatlice bir tabağa çevirin. Kenarları gevşeterek başlayın ve eğer yapışırsa, serbest kalmasına yardımcı olması için Bundt formunun etrafına sıcak suya batırılmış bir mutfak havlusu sarabilirsiniz.
ö) Ejder meyvesi sosunu bavaroislerin üzerine dökün.
p) Ahududu, böğürtlen ve ekstra yaban mersini ile süsleyin.

8.Kuru Üzüm Gugelhupf

İÇİNDEKİLER:

- 1¾ çay kaşığı taze maya
- 1 su bardağı süt, oda sıcaklığında
- 3 su bardağı buğday unu
- 3½ ons buğday ekşi mayası başlatıcısı
- 1 su bardağı süt, oda sıcaklığında
- 3¾ su bardağı buğday unu
- ½ bardak) şeker
- ¾ bardak eritilmiş tereyağı, soğutulmuş
- 3-4 yumurta
- 1 limonun kabuğu rendesi
- 1 bardak kuru üzüm
- süslemek için pudra şekeri

TALİMATLAR:

a) Mayayı 1 su bardağı sütte eritin. Unu ve mayayı ekleyip iyice karıştırın. Hamuru 1-2 saat mayalanmaya bırakın.

b) Tüm malzemeleri hamura ekleyin ve iyice karıştırın.

c) Bir veya iki yağlanmış ve unlanmış 11 × 7 × 1 ½ inç Bundt tavasını (1 ½ litre) yarısına kadar hamurla doldurun. Hamurun yaklaşık yüzde 30 daha büyük olana kadar veya 1 saat kadar yükselmesine izin verin.

ç) 200°C'de (390°F) 20-30 dakika pişirin. Pastayı kalıptan çıkarmadan önce soğumasını bekleyin. Son olarak üzerine pudra şekeri serpin.

d) Hamuru ikinci adımdaki malzemelerle karıştırın ve iyice karıştırın.

e) Yağlanmış ve unlanmış kalıpların yarısına kadar hamurla doldurun.

f) Pişen keki dilimlemeden önce soğumaya bırakın.

9.7'li Paket Kek

İÇİNDEKİLER:
KEK:
- 1 ½ su bardağı Tereyağı
- 3 su bardağı Şeker
- 5 yumurta
- 3 su bardağı un
- 2 yemek kaşığı limon özü
- ¾ bardak 7'li

SIR:
- ½ su bardağı pudra şekeri
- sır haline getirmeye yetecek kadar 7'li ve taze limon suyu

TALİMATLAR:
a) Fırını 325°'ye önceden ısıtın.
b) Oluklu bir Bundt tavada yağlayın ve unlayın.
c) Şekeri ve tereyağını hafif ve kabarık olana kadar krema haline getirin.
ç) Yumurtaları teker teker ekleyin, her birinden sonra iyice çırpın... Unu ekleyin ve biraz daha çırpın.
d) Limon ekstraktını ve 7-Up'ı karıştırın,
e) Hamuru tavaya koyun, 325 derecede 1 saat-1 saat 15 dakika kadar veya batırdığınız kürdan temiz çıkana kadar pişirin.
f) Pastayı biraz soğumaya bırakın ve kalıptan çıkarın.
g) Glazeyi karıştırıp üzerine gezdirin

10.Balkabağı ve Kızılcık Bundt Kek

İÇİNDEKİLER:
- 1 bardak kabak köpüğü
- 2½ su bardağı sade buğday unu veya buğday keki unu
- ½ bardak süt
- 7 gram kuru maya
- ½ su bardağı şeker kamışı veya herhangi bir rafine edilmemiş şeker
- 1 limonun suyu ve kabuğu rendesi
- 1 yemek kaşığı sıvı hindistan cevizi yağı
- 1 su bardağı kurutulmuş kızılcık

TALİMATLAR:
a) Un, maya, şeker ve kızılcıkları bir karıştırma kabında birleştirin.
b) Küçük bir tencerede kabak köpüğünü, sütü, limon suyunu, kabuğu rendesini ve hindistancevizi yağını yavaşça ısıtın.
c) Islak malzemeleri hamura yoğurun. Bu işlemin tamamlanması yaklaşık 8 dakika sürecektir.
ç) Bundt kek kalıbına ince bir tabaka un serpin ve yağlayın.
d) Hamuru tepsiye alıp üzerini örtün ve ılık bir yerde 1 saat mayalanmaya bırakın.
e) Fırını önceden 180°C/350°F'ye ısıtın ve 35 dakika (tahta kürdan temiz çıkana kadar) pişirin.

11.Buzlu Elmalı Baharatlı Bundt Kek

İÇİNDEKİLER:
KREM PEYNİR DOLGU:
- 1 (8 ons) paket. krem peynir, yumuşatılmış
- ¼ su bardağı toz şeker
- 1 büyük yumurta
- 2 yemek kaşığı çok amaçlı un
- 1 çay kaşığı vanilya özü

ELMA-BAHARAT HAMURU:
- 1 su bardağı paketlenmiş açık kahverengi şeker
- 1 su bardağı bitkisel yağ
- ½ su bardağı toz şeker
- 3 büyük yumurta
- 2 çay kaşığı vanilya özü
- 2 çay kaşığı kabartma tozu
- 2 çay kaşığı balkabağı turtası baharatı
- 1 ½ çay kaşığı öğütülmüş kakule
- 1 çay kaşığı koşer tuzu
- ½ çay kaşığı karbonat
- ½ çay kaşığı öğütülmüş kişniş
- 3 bardak (yaklaşık 12 ¾ ons) çok amaçlı un
- 3 büyük Granny Smith elması (yaklaşık 1 ½ pound), soyulmuş ve rendelenmiş

KARAMEL DONDURMA:
- ⅔ fincan kabaca doğranmış kızarmış ceviz

TALİMATLAR:
KREM PEYNİR DOLGUSUNUN HAZIRLANIŞI:
a) Fırını 350°F'ye önceden ısıtın. Krem peynir, ¼ su bardağı toz şeker, 1 yumurta, 2 yemek kaşığı un ve 1 çay kaşığı vanilyayı elektrikli mikserle orta hızda pürüzsüz hale gelinceye kadar çırpın.

ELMA-BAHARAT HAMURUNUN HAZIRLANIŞI:
b) Esmer şekeri, yağı ve ½ su bardağı toz şekeri elektrikli stand mikseriyle orta hızda iyice karışana kadar çırpın. Her eklemeden sonra iyice çırparak 3 yumurtayı birer birer ekleyin. 2 çay kaşığı vanilyayı karıştırın.

c) Kabartma tozu, balkabağı turtası baharatı, kakule, tuz, kabartma tozu, kişniş ve 3 su bardağı unu birlikte çırpın. Yavaş yavaş kahverengi şeker karışımına ekleyin, düşük hızda karışana kadar çırpın. Elmaları ekleyin ve birleşene kadar düşük hızda çırpın.

ç) Yağlanmış ve unlanmış 14 fincanlık Bundt tavasına hamurun yarısını kaşıkla dökün. Dollop Krem Peynir Tavanın kenarlarında 1 inçlik bir kenarlık bırakarak elma karışımını doldurun. Bir bıçak yardımıyla dolguyu hamurun içinden geçirin. Kalan hamuru dolumun üzerine kaşıkla dökün.

d) Ortasına yerleştirilen uzun bir tahta kürdan temiz çıkana kadar, 50 dakika ila 1 saat arasında, önceden ısıtılmış fırında pişirin.

e) Pastayı tavada tel ızgara üzerinde 20 dakika soğutun; tavadan tel rafa çıkarın ve tamamen soğutun (yaklaşık 2 saat). Soğutulmuş kekin üzerine hemen kaşıkla krema dökün; ceviz serpin.

12.Şeftali Melba Bundt Kek

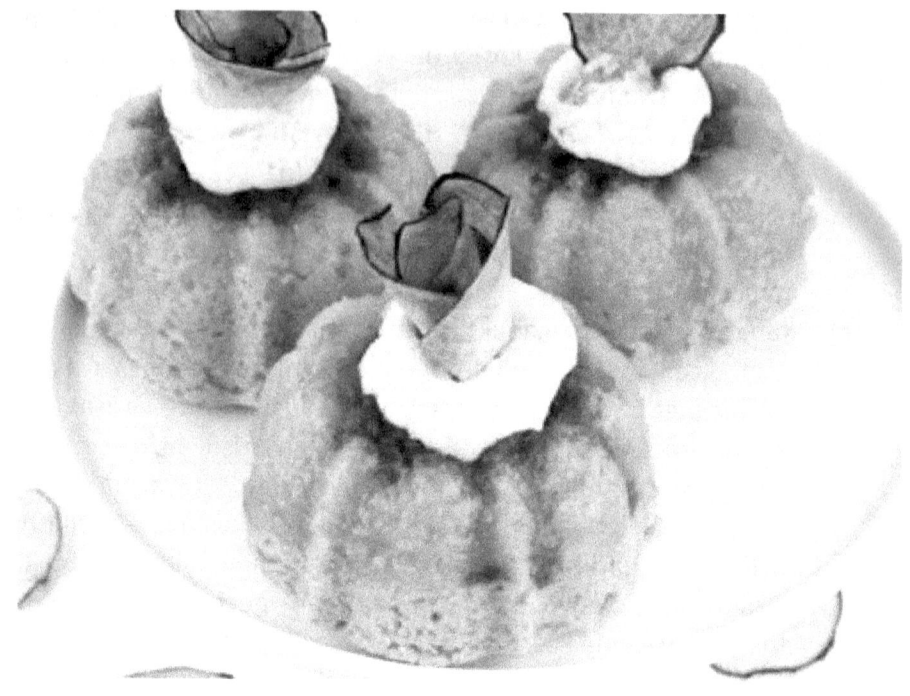

İÇİNDEKİLER:

- 2 fincan çok amaçlı un
- 1 çay kaşığı kabartma tozu
- 1/2 çay kaşığı karbonat
- 1/2 çay kaşığı tuz
- 1 su bardağı tuzsuz tereyağı, oda sıcaklığında
- 1 1/2 su bardağı toz şeker
- 4 büyük yumurta
- 1 çay kaşığı vanilya özü
- 1/2 bardak ekşi krema
- 1/2 su bardağı şeftali nektarı
- 1 su bardağı doğranmış şeftali (taze veya konserve ve süzülmüş)
- 1/2 bardak ahududu

SIR:

- 1 su bardağı pudra şekeri
- 2 yemek kaşığı ahududu püresi
- 1 yemek kaşığı süt

TALİMATLAR:

a) Fırınınızı önceden 350°F (175°C) ısıtın. 10 inçlik bir tepsiyi yağlayın ve unlayın.

b) Orta boy bir kapta un, kabartma tozu, kabartma tozu ve tuzu birlikte çırpın.

c) Büyük bir kapta tereyağını ve toz şekeri hafif ve kabarık olana kadar krema haline getirin. Yumurtaları teker teker ekleyin ve her eklemeden sonra iyice çırpın. Vanilya ekstraktını karıştırın.

ç) Un karışımını, un karışımıyla başlayıp biten, ekşi krema ve şeftali nektarı ile dönüşümlü olarak tereyağı karışımına yavaş yavaş ekleyin. Doğranmış şeftalileri ve ahududuları yavaşça katlayın.

d) Hazırlanan bundt tavasına hamuru dökün. 50-60 dakika veya kekin içine batırdığınız kürdan temiz çıkana kadar pişirin.

e) Pastayı 10 dakika boyunca tavada soğumaya bırakın, ardından tamamen soğuması için tel ızgara üzerine çıkarın.

f) Sır için pudra şekeri, ahududu püresi ve sütü pürüzsüz hale gelinceye kadar çırpın. Soğuyan kekin üzerine gezdirin.

13.Mangolu Çarkıfelek Meyveli Kek

İÇİNDEKİLER:

- 2 1/2 bardak çok amaçlı un
- 2 çay kaşığı kabartma tozu
- 1/2 çay kaşığı tuz
- 1 su bardağı tuzsuz tereyağı, oda sıcaklığında
- 2 su bardağı toz şeker
- 4 yumurta
- 1 çay kaşığı vanilya özü
- 1 bardak mango püresi
- 1/2 bardak çarkıfelek meyvesi suyu
- 1 limon kabuğu rendesi

SIR:

- 1 su bardağı pudra şekeri
- 2-3 yemek kaşığı çarkıfelek meyvesi suyu

TALİMATLAR:

a) Fırını 350°F'ye (175°C) önceden ısıtın. Bir tepsiyi yağlayıp unlayın.

b) Un, kabartma tozu ve tuzu bir kapta birlikte çırpın.

c) Tereyağı ve şekeri kabarıncaya kadar çırpın. Yumurtaları birer birer, ardından vanilyayı ekleyip iyice karıştırın.

ç) Mango püresini, çarkıfelek meyvesi suyunu ve limon kabuğu rendesini karıştırın. Birleşene kadar kuru malzemeleri yavaş yavaş karıştırın.

d) Hamuru hazırlanan tavaya dökün. 55-65 dakika veya kürdan temiz çıkana kadar pişirin.

e) Tavada 15 dakika soğutun, ardından tamamen soğuması için tel ızgaraya ters çevirin.

f) Sır için pudra şekeri ve çarkıfelek meyvesi suyunu pürüzsüz hale gelinceye kadar çırpın. Soğuyan kekin üzerine gezdirin.

14. Armut ve Zencefilli Bundt Kek

İÇİNDEKİLER:

- 3 su bardağı çok amaçlı un
- 1 çay kaşığı kabartma tozu
- 1/4 çay kaşığı karbonat
- 1/4 çay kaşığı tuz
- 1 yemek kaşığı öğütülmüş zencefil
- 1 su bardağı tuzsuz tereyağı, oda sıcaklığında
- 2 su bardağı şeker
- 4 yumurta
- 2 çay kaşığı vanilya özü
- 1 su bardağı ekşi krema
- 2 su bardağı doğranmış armut (soyulmuş ve çekirdekleri çıkarılmış)
- 1/4 bardak kristalize zencefil, doğranmış

SIR:

- 1 su bardağı pudra şekeri
- 2 yemek kaşığı süt
- 1 çay kaşığı vanilya özü

TALİMATLAR:

a) Fırını 350°F'ye (175°C) önceden ısıtın. Bir tepsiyi yağlayıp unlayın.

b) Un, kabartma tozu, kabartma tozu, tuz ve öğütülmüş zencefili birleştirin.

c) Tereyağı ve şekeri kabarıncaya kadar krema haline getirin. Yumurtaları birer birer, ardından vanilyayı çırpın. Ekşi krema ile dönüşümlü olarak kuru malzemeleri karıştırın. Armutları ve kristalize zencefili katlayın.

ç) Tavaya dökün ve 60-70 dakika pişirin. Tavada soğutun, ardından bir rafa ters çevirin.

d) Sır için pudra şekeri, süt ve vanilyayı karıştırın; kekin üzerine gezdirin.

15.Çilekli Ravent Bundt Kek

İÇİNDEKİLER:
- 2 1/2 bardak çok amaçlı un
- 1 çay kaşığı kabartma tozu
- 1/2 çay kaşığı karbonat
- 1/2 çay kaşığı tuz
- 1 su bardağı tuzsuz tereyağı, yumuşatılmış
- 1 3/4 su bardağı toz şeker
- 4 yumurta
- 2 çay kaşığı vanilya özü
- 1 su bardağı ekşi krema
- 1 su bardağı ince kıyılmış ravent
- 1 su bardağı doğranmış çilek

ÇİLEK SIRASI:
- 1 su bardağı pudra şekeri
- 2-3 yemek kaşığı çilek püresi

TALİMATLAR:
a) Fırını 350°F'ye (175°C) önceden ısıtın. 10 inçlik bir tepsiyi yağlayın ve unlayın.
b) Bir kapta un, kabartma tozu, kabartma tozu ve tuzu birlikte çırpın.
c) Büyük bir kapta, tereyağını ve şekeri hafif ve kabarık olana kadar kremalayın. Yumurtaları teker teker ekleyin ve her eklemeden sonra iyice çırpın. Vanilyayla karıştırın.
ç) Un karışımını yavaş yavaş kremalı karışıma ekleyin, ekşi krema ile dönüşümlü olarak un karışımıyla başlayıp bitirin. Ravent ve çilekleri katlayın.
d) Hazırlanan demet tepsisine dökün ve üstünü düzeltin. 55-65 dakika veya kekin içine batırdığınız kürdan temiz çıkana kadar pişirin.
e) Tamamen soğuması için tel ızgara üzerine ters çevirmeden önce tavada 10 dakika soğutun.
f) Sır için pudra şekeri ve çilek püresini pürüzsüz hale gelinceye kadar çırpın. Gerekirse daha fazla püre veya şekerle tutarlılığı ayarlayın. Soğuyan kekin üzerine gezdirin.

16.İncirli ve Ballı Bundt Kek

İÇİNDEKİLER:
- 3 su bardağı çok amaçlı un
- 1 çay kaşığı kabartma tozu
- 1/2 çay kaşığı karbonat
- 1/2 çay kaşığı tuz
- 1 su bardağı tuzsuz tereyağı, oda sıcaklığında
- 1 su bardağı toz şeker
- 1/2 bardak bal
- 4 yumurta
- 2 çay kaşığı vanilya özü
- 1 bardak ayran
- 1 su bardağı doğranmış taze incir

BAL SIRASI:
- 1 su bardağı pudra şekeri
- 3 yemek kaşığı bal
- 2 yemek kaşığı süt

TALİMATLAR:
a) Fırını önceden 350°F'ye (175°C) ısıtın. Bir tepsiyi yağlayıp unlayın.
b) Un, kabartma tozu, kabartma tozu ve tuzu bir kapta birleştirin.
c) Büyük bir kapta tereyağını, şekeri ve balı hafif ve kabarık olana kadar krema haline getirin. Yumurtaları teker teker ekleyin ve her eklemeden sonra iyice çırpın. Vanilyayı karıştırın.
ç) Un karışımını, un karışımıyla başlayıp biten, dönüşümlü olarak ayran ile kremalı karışıma ekleyin. Doğranmış incirleri katlayın.
d) Hazırlanan bundt tavasına hamuru dökün. 60-70 dakika veya batırdığınız kürdan temiz çıkana kadar pişirin.
e) Pastayı 10 dakika boyunca tavada soğumaya bırakın, ardından tamamen soğuması için tel ızgaraya ters çevirin.
f) Sır için pudra şekeri, bal ve sütü pürüzsüz hale gelinceye kadar çırpın. Soğuyan kekin üzerine gezdirin.

17.Tropikal Muzlu Hindistan Cevizli Bundt Kek

İÇİNDEKİLER:
- 3 su bardağı çok amaçlı un
- 2 çay kaşığı kabartma tozu
- 1/2 çay kaşığı karbonat
- 1/2 çay kaşığı tuz
- 1 su bardağı tuzsuz tereyağı, oda sıcaklığında
- 2 su bardağı toz şeker
- 3 yumurta
- 2 çay kaşığı vanilya özü
- 1 su bardağı olgun muz püresi (yaklaşık 2-3 muz)
- 1 bardak hindistan cevizi sütü
- 1 su bardağı kıyılmış hindistan cevizi

HİNDİSTAN CEVİZİ SIRASI:
- 1 su bardağı pudra şekeri
- 3-4 yemek kaşığı hindistan cevizi sütü

TALİMATLAR:
a) Fırını 350°F'ye (175°C) önceden ısıtın. Bir tepsiyi yağlayıp unlayın.
b) Unu, kabartma tozunu, kabartma tozunu ve tuzu birlikte çırpın.
c) Tereyağı ve şekeri kabarıncaya kadar krema haline getirin. Yumurtaları teker teker ekleyin, ardından vanilyayı ekleyin ve her eklemeden sonra iyice karıştırın. Ezilmiş muzları karıştırın.
ç) Kuru malzemelerle başlayıp bitirerek, hamura dönüşümlü olarak kuru malzemeleri ve hindistancevizi sütünü ekleyin. Kıyılmış hindistan cevizini karıştırın.
d) Hamuru hazırlanan tavaya dökün. 60-70 dakika veya batırdığınız kürdan temiz çıkana kadar pişirin.
e) 10 dakika boyunca tavada soğutun, ardından tamamen soğuması için tel ızgara üzerine çıkarın.
f) Sır için pudra şekeri ve hindistancevizi sütünü pürüzsüz hale gelinceye kadar karıştırın. Gerekirse tutarlılığı ayarlayın. Soğuyan kekin üzerine gezdirin.

18.Çilekli Girdaplı Krem Peynirli Bundt Kek

İÇİNDEKİLER:

- 2 1/2 bardak çok amaçlı un
- 1 çay kaşığı kabartma tozu
- 1/2 çay kaşığı karbonat
- 1/2 çay kaşığı tuz
- 3/4 su bardağı tuzsuz tereyağı, oda sıcaklığında
- 1 1/2 su bardağı toz şeker
- 4 büyük yumurta
- 1 çay kaşığı vanilya özü
- 1 su bardağı ekşi krema
- 8 ons krem peynir, yumuşatılmış
- 1/2 bardak çilek konservesi

TALİMATLAR:

a) Fırınınızı önceden 350°F (175°C) ısıtın. 10 inçlik bir tepsiyi yağlayın ve unlayın.

b) Orta boy bir kapta un, kabartma tozu, kabartma tozu ve tuzu birlikte çırpın.

c) Büyük bir kapta tereyağını ve toz şekeri hafif ve kabarık olana kadar kremalayın. Yumurtaları birer birer, ardından vanilyayı çırpın. Un karışımını, ekşi krema ile dönüşümlü olarak, un karışımıyla başlayıp bitirerek yavaş yavaş ekleyin.

ç) Ayrı bir kapta krem peyniri pürüzsüz olana kadar çırpın. Çilek konservelerini karıştırın.

d) Hazırladığınız kek hamurunun yarısını kek kalıbına dökün. Krem peynir karışımını hamurun üzerine dökün. Kalan kek hamurunu üzerine dökün.

e) Krem peynir karışımını hamurun içine döndürmek için bir bıçak kullanın ve mermer efekti yaratın.

f) 60-70 dakika veya kekin içine batırdığınız kürdan temiz çıkana kadar pişirin. Tavada 10 dakika soğumaya bırakın, ardından tamamen soğuması için tel ızgara üzerine ters çevirin.

19. İncirli Cevizli Bundt Kek

İÇİNDEKİLER:

- 2 fincan çok amaçlı un
- 1 çay kaşığı kabartma tozu
- 1/2 çay kaşığı karbonat
- 1/2 çay kaşığı tuz
- 1 su bardağı tuzsuz tereyağı, oda sıcaklığında
- 1 1/2 su bardağı toz şeker
- 4 yumurta
- 1 çay kaşığı vanilya özü
- 1/2 bardak ayran
- 1 su bardağı kuru incir, doğranmış
- 1 su bardağı ceviz, kıyılmış

TALİMATLAR:

a) Fırını 350°F'ye (175°C) önceden ısıtın. Bir tepsiyi yağlayıp unlayın.

b) Unu, kabartma tozunu, kabartma tozunu ve tuzu birlikte çırpın.

c) Büyük bir kapta tereyağını ve şekeri hafif kremaya kadar kremalayın. Yumurtaları birer birer, ardından vanilyayı ekleyin. Alternatif olarak kuru malzemeler ve ayran ekleyin, kuru malzemelerle başlayıp bitirin. İncir ve cevizleri katlayın.

ç) Hamuru hazırlanan tavaya dökün. Test cihazı temiz çıkana kadar 55-65 dakika pişirin. Tavada 15 dakika soğutun, ardından tamamen soğuması için bir rafa çıkarın.

20.Tropikal Muzlu Bundt Kek

İÇİNDEKİLER:

- 3 su bardağı çok amaçlı un
- 2 çay kaşığı kabartma tozu
- 1 çay kaşığı karbonat
- 1/2 çay kaşığı tuz
- 1 su bardağı tuzsuz tereyağı, oda sıcaklığında
- 2 su bardağı şeker
- 3 büyük yumurta
- 2 çay kaşığı vanilya özü
- 1 su bardağı olgun muz püresi (yaklaşık 2-3 muz)
- 1 bardak hindistan cevizi sütü
- 1 su bardağı kıyılmış hindistan cevizi
- 1/2 bardak kıyılmış macadamia fıstığı

TALİMATLAR:

a) Fırını 350°F'ye (175°C) önceden ısıtın. Bir tepsiyi yağlayıp unlayın.

b) Un, kabartma tozu, kabartma tozu ve tuzu karıştırın.

c) Tereyağı ve şekeri kabarıncaya kadar krema haline getirin. Yumurtaları birer birer, ardından vanilyayı çırpın. Muzları karıştırın. Kuru malzemelerle başlayıp biten kuru malzemeleri ve hindistancevizi sütünü dönüşümlü olarak ekleyin. Kıyılmış hindistancevizi ve macadamia fındıklarını ekleyin.

ç) Hazırlanan tavaya dökün. 60-70 dakika veya batırdığınız kürdan temiz çıkana kadar pişirin. Tavada 20 dakika soğutun, ardından tamamen soğuması için tel ızgaraya ters çevirin.

BOTANİK BUNDT KEKLER

21.Kelebek Bezelye Mermer Bundt

İÇİNDEKİLER:
KELEBEK BEZELYE TOZU MERMER SEPETİ
- 3½ su bardağı çok amaçlı un
- 4 çay kaşığı kabartma tozu
- ¾ çay kaşığı tuz
- ¾ su bardağı oda sıcaklığında tuzsuz tereyağı
- ½ su bardağı bitkisel yağ
- 1¾ su bardağı toz şeker
- 3 yumurta + 2 yumurta akı oda sıcaklığında
- 4 çay kaşığı vanilya
- 1½ bardak ayran
- 1 yemek kaşığı kelebek bezelye tozu
- 1 yemek kaşığı süt

VANİLYA KELEBEK SIR
- 1½ su bardağı pudra şekeri
- 1 çay kaşığı kelebek bezelye tozu
- ½ çay kaşığı vanilya
- 2-4 yemek kaşığı süt

TALİMATLAR
KELEBEK BEZELYE TOZU MERMER SEPETİ

a) Fırını önceden 350°F / 175°C'ye ısıtın. 12 fincan kapasiteli Bundt tavasını tereyağıyla yağlayın ve cömertçe unlayın.

b) Orta boy bir kapta un, kabartma tozu ve tuzu birlikte çırpın. Bir kenara koyun.

c) Kürek aparatı takılı bir stand mikserin kasesinde, tereyağını, yağı ve şekeri hafif ve kabarık olana kadar 5 dakika boyunca birlikte çırpın.

ç) Kasenin kenarlarını kazıyın ve her seferinde bir yumurta ekleyin, her ekleme arasında 20 saniye çırpın. Son yumurtayla birlikte vanilyayı da ekleyin.

d) Un karışımını ve ayranı ekleme arasında geçiş yapın. Un karışımının ⅓'ünü, ardından ayranın ½'sini, unun ⅓'ünü, kalan ½ ayranını ve kalan ⅓ unu ekleyin.

e) ~3 bardak hamuru çıkarın ve orta boy bir kaseye yerleştirin. Küçük bir kapta kelebek bezelye tozunu ve sütü karıştırın. 3 bardağa, kelebek bezelye tozu karışımını, hamur tamamen mavi olana kadar yavaşça karıştırın.

f) Vanilya hamurunun ~⅓'ünü Bundt'a eşit şekilde dağıtın. Vanilyanın üzerine büyük parçalar yerleştirmek için mavi hamurun ~⅓'ünü kullanın, ardından maviyi yavaşça döndürmek için bir bıçak kullanın.

g) Üstüne vanilyanın ⅓'ünü daha ekleyin, parçaları tekrarlayın ve iki kez döndürün, üstte mavi hamur olacak şekilde.

ğ) Bundt'a batırılan bir bıçak temiz çıkana veya sadece birkaç nemli kırıntı bırakana kadar 50-60 dakika pişirin.

h) Pastayı 10-15 dakika tavada soğumaya bırakın. Tava dokunulabilecek kadar soğuduğunda, pastayı temiz bir yüzeye çevirin. Pastayı buzlanmadan önce tamamen soğumaya bırakın.

VANİLYA KELEBEK SIR

ı) Bir kapta 2 yemek kaşığı süt başta olmak üzere tüm malzemeleri karıştırın. İstediğiniz kıvamı elde etmek için gerektiği kadar daha fazla süt ekleyin.

i) Glazürü kekin üzerine eşit şekilde dökün.

j) İsteğe bağlı: Bir kaseye 1 çay kaşığı beyaz gıda boyası dökün. Pastayı lekelemek için bir boya fırçası kullanın. Üstüne gül yaprakları ve beyaz şeker inci serpintileri ekleyin.

k) Hizmet edin ve tadını çıkarın!

22.Limonlu Papatyalı Ballı Bundt Kek

İÇİNDEKİLER:
LİMONLU PAPATYA BALI KEK:
- 1 bardak tam yağlı süt
- ½ fincan gevşek yapraklı papatya çayı
- 2 yemek kaşığı bal
- 3 su bardağı ince pasta unu veya kek unu
- 1 çay kaşığı ince deniz tuzu
- 1 çay kaşığı karbonat
- ½ çay kaşığı kabartma tozu
- 4 orta boy limonun kabuğu rendesi ve suyu
- 1 ½ su bardağı toz şeker
- 1 su bardağı tuzsuz tereyağı (oda sıcaklığında)
- 4 büyük yumurta (oda sıcaklığında)
- 2 çay kaşığı saf vanilya özü

LİMON PAPATYA BALI SIR:
- ½ bardak) şeker
- ½ bardak su
- ½ fincan gevşek yapraklı papatya çayı
- ¼ bardak limon suyu (kekte kullanılan limonlardan)
- ¼ bardak bal

TALİMATLAR:
LİMONLU PAPATYA BALI KEK İÇİN:
a) Fırını önceden 350°F'ye ısıtın. 10 bardaklık bir tepsiyi eritilmiş tereyağıyla fırçalayıp üzerine hamur unu serperek hazırlayın.
b) Orta-düşük ateşte küçük bir tencerede süt, papatya çayı ve balı birleştirin. 5 dakika kadar kaynattıktan sonra çayın soğumasını bekleyin. Sütü süzün, limon suyunun yarısını çırpın ve bir kenara koyun.
c) Hamur işi ununu, tuzu, kabartma tozunu ve kabartma tozunu birlikte eleyin. Limon kabuğu rendesini ekleyip çırpın.
ç) Bir stand mikserinde, tereyağını ve şekeri kabarık olana kadar kremalayın. Yumurtaları birer birer, ardından vanilyayı ekleyin.
d) Un karışımını ve soğutulmuş, demlenmiş sütü sırasıyla üç ve iki parça halinde ekleyin.
e) Hamuru hazırlanan tepsiye dökün ve yarıya kadar döndürerek 40-45 dakika pişirin. Kek altın renginde olmalı ve dokunulduğunda eski haline dönmelidir.

LİMON PAPATYA BALI SIRASI İÇİN:
f) Yüksek ateşteki bir tencerede şekeri, suyu, balı, limon suyunu ve papatya çayını birleştirin. Şeker eriyene kadar karıştırarak kaynatın. Karışım koyulaşıncaya kadar pişirin, ardından ocaktan alın ve soğutun. Şurubu süzün.
g) Kek kalıptayken tahta bir kürdan ile tabanına delikler açın. Sırın ¾'ünü kekin üzerine dökün ve kanallara akmasını sağlayın. Kalan sırları ayırın.
ğ) Pastayı 30 dakika kadar kalıpta soğumaya bırakın, ardından servis tabağına ters çevirin. Kalan sırla üst ve yanları fırçalayın.
h) İsteğe bağlı olarak pastayı taze toplanmış papatya çiçekleri ile süsleyin. Dilimleyip kremayla birlikte servis yapın.

23.Limonlu ve Haşhaşlı Bundt Kek

İÇİNDEKİLER:
KEK:
- 230 gr Tereyağı, Oda Sıcaklığında
- 230 gr Pudra Şekeri
- 3 Limonun Kabuğu
- 4 büyük Yumurta
- 100 gr Yunan Yoğurt, Tam Yağlı
- 300 g Kendiliğinden Yükselen Un, Elenmiş
- 1 çay kaşığı Kabartma Tozu
- 2 yemek kaşığı Haşhaş tohumu, Siyah
- Bir tutam tuz

Çiseleyen yağmur.
- 100 gr Pudra Şekeri
- 3 Limon Suyu

BUZ ÖRTÜSÜ:
- 100 gr Pudra Şekeri
- 1 Limon Suyu
- Su (istenen kıvam için gerektiği kadar)

TALİMATLAR:

a) Fırını Gas Mark 4/160°C Fan, 180°C'ye önceden ısıtın. Paket kalıbını kek ayırıcı spreyle püskürtün veya bol miktarda tereyağıyla yağlayın.

b) Tereyağı, şeker ve limon kabuğu rendesini hafif ve kabarık olana kadar yaklaşık 5-8 dakika boyunca krema haline getirin.

c) Yumurtaları teker teker ekleyin ve her eklemeden sonra iyice karıştırın.

ç) Yunan yoğurtunu yavaşça katlayın.

d) Elenmiş, kendiliğinden kabaran unu, kabartma tozunu, haşhaş tohumlarını ve bir tutam tuzu iyice birleşene kadar ekleyin.

e) Hamuru hazırlanan paket kalıbına aktarın. 35 dakika veya ortasına batırdığınız kürdan temiz çıkana kadar pişirin.

f) Kek pişerken şekeri limon suyuyla birlikte kısık ateşte 2-3 dakika ısıtarak üzerine gezdirin.

g) Kek fırından çıkınca her tarafına delikler açın ve üzerine sıcak şerbeti dökün. Pastayı kalıptan çıkarmadan önce 15 dakika kadar bekletin.

ğ) Üzeri için pudra şekerini limon suyuyla akıcı kıvama gelinceye kadar karıştırın. Gerektiği kadar su ekleyin.

h) Servis yapmadan önce kremayı pastanın üzerine gezdirin ve yenilebilir çiçeklerle süsleyin.

24. Hibiscus Sırlı Vanilyalı Çiçekli Bundt Kek

İÇİNDEKİLER:
BUNDT KEK:
- 1 ½ su bardağı un
- ½ çay kaşığı tuz
- ¼ çay kaşığı karbonat
- ½ bardak tereyağı, yumuşatılmış
- 1 ½ su bardağı şeker
- 4 yumurta
- 1 çay kaşığı vanilya özü
- ⅔ su bardağı sade yoğurt

Ebegümeci GLAZE:
- 2 poşet Hibiskus çayı
- 1 bardak su
- 1 ¾ su bardağı şekerleme şekeri, elenmiş
- 2 çay kaşığı taze limon suyu
- 1-3 yemek kaşığı demlenmiş Hibiskus çayı, soğutulmuş

TALİMATLAR:

ÇAY:
a) 1 bardak kaynar suda, üzeri kapalı çay poşetlerini 8-10 dakika demleyin.
b) Bir kenara koyun ve tamamen soğumaya bırakın.

KEK İÇİN:
c) Fırını önceden 350°F'ye ısıtın. Tavayı pişirme spreyi ile hazırlayın ve tavanın ayrıntılarını eşit şekilde kaplamak için bir hamur fırçası kullanın.
ç) Küçük bir kapta un, kabartma tozu ve tuzu karıştırın. Bir kenara koyun.
d) Kürek aparatlı bir karıştırıcı kullanarak, kremalı tereyağı ve şekeri. Yumurtaları iyice karışana kadar karıştırın.
e) Vanilya, un karışımı ve yoğurdu ekleyin. Pürüzsüz olana kadar karıştır.
f) Hazırlanan 6 Cup Bundt'a yalnızca ¾'ünü dolduracak şekilde dökün. Hava kabarcıklarının çıkması için tezgaha hafifçe vurun.
g) 35-40 dakika veya kekin ortasına batırdığınız kürdan temiz çıkana kadar pişirin. Fırından çıkarın ve bir soğutma rafına ters çevirmeden önce pastayı 10 dakika soğumaya bırakın.

İÇİN :
ğ) Kek soğurken glazür malzemelerini karıştırın. Şekerlemecilerin şekerine limon suyu ve soğutulmuş demlenmiş çay ekleyin, istenilen kıvam ve renk için her seferinde 1 çorba kaşığı ve en fazla 3 çorba kaşığı ekleyin.
h) Servis edeceğiniz zaman soğuyan kekin üzerine şerbeti gezdirin.

25.Beyaz Çikolatalı Frambuazlı Kek

İÇİNDEKİLER:
KEK:
- 8.8 ons tuzsuz tereyağı
- 8,8 ons beyaz çikolata
- 6,7 ons su
- 1 ½ su bardağı ince (pudra) şeker
- 2 büyük yumurta, oda sıcaklığı
- 1 çay kaşığı vanilya özü
- 4,4 ons hafif ekşi krema
- 1 ½ su bardağı kendiliğinden kabaran un
- 1 ¼ bardak çok amaçlı un
- 8,8 ons dondurulmuş ahududu

BEYAZ ÇİKOLATA TEREYAĞI:
- 7 ons tuzsuz tereyağı, yumuşatılmış
- 14 ons krema / pudra şekeri
- 3,5 ons beyaz çikolata
- 1,1 ons krema

TALİMATLAR:
KEK:
a) Fırını 160°C / 320°F'ye önceden ısıtın. 8 inçlik bir kek kalıbını yağlayın ve unlayın.
b) Tereyağı ve çikolatayı mikrodalgaya dayanıklı bir kapta %50 güçte iki dakika eritin.
c) Su ve şekeri ekleyin, karıştırın ve her şey eriyene kadar mikrodalgada 1-2 dakikalık artışlarla %50 güçte ısıtmaya devam edin. 15 dakika soğumaya bırakın.
ç) Küçük bir kapta yumurtaları, ekşi kremayı ve vanilyayı hafifçe çırpın.
d) Büyük bir kapta unları birlikte eleyin. Yumurta karışımını una ekleyin. Tamamen birleştirmeyin. Beyaz çikolata karışımını yavaş yavaş birleşene kadar ekleyin.
e) Ahududuları karıştırın ve hazırlanan kalıba dökün.
f) Yaklaşık 1 saat 15 dakika veya kürdan temiz çıkana kadar pişirin.
g) Pastayı kalıpta 20 dakika soğutun. Kalıptan çıkarın ve streç filmle sarmadan önce tel ızgara üzerinde tamamen soğutun ve buzdolabında 4 saat soğutun.

BEYAZ ÇİKOLATA TEREYAĞI:
ğ) Krema ve beyaz çikolatayı mikrodalgada %50 güçte 30 saniyelik artışlarla pürüzsüz hale gelinceye kadar eritin. 15 dakika soğumaya bırakın.
h) Büyük bir kapta, elektrikli karıştırıcının orta hızıyla tereyağını pürüzsüz hale gelinceye kadar kremalayın.
ı) İyice birleşene kadar her seferinde bir bardak olmak üzere pudra şekerini ekleyin.
i) Beyaz çikolatalı krema karışımlarını ekleyin ve birleşene kadar çırpın.

26.Hibiscus-Limonlu Mini Bundt Kek

İÇİNDEKİLER:

- 1 ½ su bardağı çok amaçlı un, ayrıca toz almak için daha fazlası
- 1 çay kaşığı kabartma tozu
- ½ çay kaşığı tuz
- 1 su bardağı toz şeker
- 4 çay kaşığı limon-ebegümeci çayı yaprakları, ufalanmış
- 1 yemek kaşığı ince rendelenmiş limon kabuğu rendesi, artı 2 yemek kaşığı limon suyu (yaklaşık 1 büyük limondan)
- 1 ¼ çubuk (10 yemek kaşığı) tuzsuz tereyağı, oda sıcaklığında
- 2 büyük yumurta
- 2 çay kaşığı saf vanilya özü
- ¾ bardak ekşi krema
- Pişirme spreyi
- 2 su bardağı şekerleme şekeri
- Üzeri için doğranmış, şuruplu kavanoz ebegümeci çiçekleri ve 2 yemek kaşığı şurup

TALİMATLAR:

a) Fırını önceden 350° F'ye ısıtın. Unu, kabartma tozunu ve tuzu orta boy bir kapta çırpın.

b) Toz şekeri, ufalanmış çay yapraklarını ve limon kabuğu rendesini büyük bir kapta mikserle orta-yüksek hızda iyice birleşene kadar yaklaşık 1 dakika çırpın. Tereyağını ekleyin ve hafif ve kremsi bir kıvama gelinceye kadar çırpın, gerektiği kadar kaseyi kazıyarak 3 ila 5 dakika kadar çırpın.

c) Yumurtaları birer birer karışana kadar çırpın, ardından vanilyayı ekleyip çırpın. Mikserin hızını düşürün ve un karışımını ekşi krema ile dönüşümlü olarak 3 seferde ekleyerek çırpın. Hızı orta-yüksek seviyeye yükseltin ve pürüzsüz olana kadar çırpın.

ç) 6 fincanlık mini Bundt tavasına cömertçe pişirme spreyi sıkın ve unla tozlayın, fazlalığı silkeleyin. Hamuru bardaklara eşit şekilde paylaştırın ve her birinin yaklaşık üçte ikisini doldurun.

d) Keklerin üstü altın rengi oluncaya kadar pişirin ve hafifçe bastırıldığında 27 ila 32 dakika kadar geri çekilin. Tavayı bir rafa aktarın ve keklerin yaklaşık 10 dakika soğumasını bekleyin, ardından kekleri tamamen soğuması için rafa çıkarın.

e) Bu arada, şekerlemelerin şekerini, limon suyunu ve ebegümeci şurubunu orta boy bir kapta pürüzsüz ve sürülebilir hale gelinceye kadar çırpın. Sır çok sertse birkaç damla su ile inceltebilirsiniz.

f) Sırları keklerin üzerine kaşıkla dökün, kenarlarından aşağı akmasını sağlayın. Üzerine doğranmış ebegümeci çiçekleri serpin. En az 20 dakika kadar ayarlanmasına izin verin.

27. Lavanta Ballı Pound Kek

İÇİNDEKİLER:
- 1 bardak bal
- ¼ bardak taze lavanta
- 1 su bardağı tuzsuz tereyağı, yumuşatılmış
- 1 su bardağı şeker
- 4 yumurta
- 2 bardak Pamela'nın Çok Amaçlı Un Esnaf Karışımı
- 1 çay kaşığı tuz
- 1 çay kaşığı vanilya özü
- 1 su bardağı pudra şekeri
- 1 çay kaşığı süt
- ½ bardak yenilebilir çiçek çeşitleri

TALİMATLAR:
a) Balı ve lavantayı küçük bir tencereye yüksek ateşte koyun. Kaynamaya bırakın, ardından ocaktan alın ve bir saat boyunca örtün. Lavanta çıkarın ve atın.
b) Fırını önceden 350 dereceye ısıtın ve 4 fincanlık Bundt tavasını tereyağı veya yağlayın.
c) Bir karıştırıcıda tereyağı, bal ve şekeri hafif ve kabarık olana kadar çırpın.
ç) Yumurtaları teker teker ekleyin ve her ekleme arasında tamamen birleştirin.
d) Pamela'nın Çok Amaçlı Un Zanaatkar Karışımını ve tuzu iyice birleşene kadar karıştırın.
e) Vanilya ekstraktını karıştırın.
f) 45 dakika – 1 saat veya batırdığınız kürdan temiz çıkana kadar pişirin.
g) Sır yapmak için sütü pudra şekeriyle çırpın. Çok kalın olmalı ama yine de dökülebilmelidir. Gerekirse daha fazla süt ekleyin.
ğ) Tamamen soğumuş kekin üzerine kremayı dökün ve servis yapmadan önce üzerine yenilebilir çiçekler ekleyin.

28. Hibiscus Sırlı Hindistan Cevizli Bundt Kek

İÇİNDEKİLER:
HİNDİSTAN CEVİZLİ KEK:
- 1 su bardağı hindistan cevizi yağı
- 2 su bardağı ham şeker, darbeli
- 3 su bardağı + 2 yemek kaşığı ağartılmamış çok amaçlı un
- 1 çay kaşığı karbonat
- 4 orta ila büyük yumurta
- 1 yemek kaşığı hindistan cevizi özü
- 2 çay kaşığı vanilya özü
- 1 ½ çay kaşığı ince deniz tuzu
- 1 ½ su bardağı hindistan cevizi sütü
- Pişirme veya fırınlama spreyi (tavayı kaplamak için)

Ebegümeci GLAZE:
- ¼ bardak kurutulmuş ebegümeci çiçeği
- ½ bardak su
- 1 su bardağı+ şekerleme şekeri

BASİT ŞURUP:
- ¾ su bardağı ham şeker
- ⅔ bardak su
- 2 çay kaşığı vanilya ezmesi veya özü
- ¼ çay kaşığı ince deniz tuzu

TALİMATLAR:
KEK YAPMAK İÇİN:
a) Fırın rafını fırının üçüncü katına yerleştirin. Fırını 325°F'ye önceden ısıtın. Bundt tavasına pişirme veya pişirme spreyi ile iyice püskürtün.

b) Hindistancevizi yağını ve şekeri, çırpma aparatı bulunan stand-up mikserde orta hızda 5 dakika karıştırın.

c) Orta boy bir kapta un ve kabartma tozunu birlikte çırpın.

ç) Mikser çalışırken yumurtaları teker teker ekleyin. Hindistan cevizi özü, vanilya ve tuzu ekleyin. Kısa süre karıştırın.

d) Mikseri durdurun, un karışımının ⅓'ünü ekleyin ve kısa süre karıştırın. Hindistan cevizi sütünün yarısını dökün ve biraz daha karıştırın. Un karışımının ⅓'ü ve kalan hindistan cevizi sütü ile

işlemi tekrarlayın ve kalan un karışımıyla bitirin. İyice birleşene kadar karıştırın.
e) Hamuru hazırlanan Bundt kek tepsisine aktarın.
f) 50 dakika pişirin, ardından fırın sıcaklığını 350°F'ye yükseltin ve 5 ila 10 dakika daha pişirin. Kürdan kullanarak pişip pişmediğini kontrol edin.
g) Birkaç dakika soğumaya bırakın, kekin alt kısmına delikler açın ve basit şurubun yarısını üzerine fırçalayın. 10 ila 15 dakika bekleyin, pastayı bir tabağa çevirin, üstüne daha fazla delik açın ve kalan şurubu pastanın üstüne ve yanlarına fırçalayın. 10 dakika daha dinlenmeye bırakın.

HİBİSCUS SIRASINI YAPMAK İÇİN:
ğ) Kurutulmuş ebegümeci çiçeklerini ve suyu küçük bir tencereye koyun. Su yaklaşık ¼ bardağa düşene kadar 20 ila 25 dakika kaynatın.
h) Ateşten alın, sıvıyı orta boy bir kaseye süzün.
ı) Sıvıya az miktarda şeker ekleyin ve topak kalmayıncaya kadar çırpın. Daha akıcı bir sır için kıvamı daha fazla su veya hindistan cevizi sütü veya daha kalın bir sır için daha fazla şekerle ayarlayın. Pastanın üst kısmına dökün.

BASİT ŞURUBU HAZIRLAMAK İÇİN:
i) Tüm malzemeleri küçük bir tencerede karıştırın ve kaynatın.
j) Kaynamaya başlayınca ateşi kısın ve 2 dakika pişirin.
k) Karıştırın ve 2 dakika daha pişirin.
l) Ateşten alın ve pastayı fırçalamadan önce biraz soğumasını bekleyin.

29.Manolyalı Karamelli Bundt Kek

İÇİNDEKİLER:
MANOLYA KEKİ:
- ⅔ bardak badem sütü
- 1 bardak manolya tepals (yaprakları)
- 1 ½ bardak glutensiz un (eşit parçalar tapyoka nişastası ve beyaz pirinç unu, artı her 4 bardak için 1 çay kaşığı ksantan sakızı)
- 1 ½ su bardağı badem unu
- ¼ çay kaşığı öğütülmüş kurutulmuş zencefil
- ⅔ bardak süt içermeyen tereyağı, oda sıcaklığında
- 1 çay kaşığı tatlı nohut miso
- 1 ½ su bardağı toz şeker
- 2 çay kaşığı kabartma tozu
- 1 yemek kaşığı vanilya fasulyesi ezmesi
- 5 büyük yumurta, oda sıcaklığında

ŞEKERLENMİŞ TEPALLER:
- 16 manolya tepesi
- 1 yumurta beyazı
- 1 çay kaşığı votka
- Toz şeker

SIR:
- ½ bardak oda sıcaklığında süt içermeyen tereyağı
- ¾ su bardağı esmer şeker
- 3 yemek kaşığı badem sütü
- 2 su bardağı pudra şekeri

TALİMATLAR:

a) Fırını 325°F'ye önceden ısıtın. 10 bardaklık bir tepsiyi iyice yağlayın.

b) Badem sütünü ve manolya tepalsini bir karıştırıcıda pürüzsüz hale gelinceye kadar karıştırın. Bir kenara koyun.

c) Orta boy bir kapta glutensiz un, badem unu ve öğütülmüş kurutulmuş zencefili birlikte çırpın.

ç) Başka bir kapta süt içermeyen tereyağını ve misoyu birlikte çırpın. Kabartma tozu, vanilya ve toz şekeri ekleyin; pürüzsüz ve kabarık olana kadar çırpın. Yumurtaları teker teker ekleyin ve her eklemeden sonra iyice çırpın.

d) Un karışımının ⅓'ünü ekleyin, birleşene kadar çırpın, ardından manolya sütünün yarısını ekleyin ve birleşene kadar çırpın. Un karışımıyla dönüşümlü olarak başlayıp bitirmeye devam edin. Hamuru tepsiye dökmeden önce her şeyin iyice karıştığından emin olun.

e) 50-60 dakika pişirin, kürdanın temiz çıktığı noktayı geçince. (İç sıcaklık 210°F veya biraz daha yüksek olmalıdır)

ŞEKERLENDİRİLMİŞ MANOLYA TEPALS YAPIN

f) Yumurta beyazını votkayla pürüzsüz hale gelinceye kadar çırpın. Temiz bir boya fırçası kullanarak manolya tepalinin her iki tarafını da karışımla boyayın, şekerli bir tabağa bastırın, çevirin ve diğer tarafını kaplamak için bastırın. Kalan tepals ile tekrarlayın.

g) Tamamen soğuması için pastayı bir rafa çıkarmadan önce 15 dakika boyunca tavada soğumaya bırakın.

ğ) Kek soğurken glazürü hazırlayın. Vegan tereyağını, esmer şekeri ve badem sütünü bir tencerede kısık ateşte kaynatın. Esmer şeker eriyene kadar karıştırın. Ateşten alın ve her seferinde bir bardak pudra şekeri ekleyin, pürüzsüz hale gelinceye kadar iyice çırpın, "çiseleyen" bir kıvam elde edin.

h) Sıcak kekin üzerine glazürü dökün ve eşit şekilde dağıtın. Soğudukça sertleşeceği için, krema hala sıcakken şekerlenmiş manolya yapraklarını pastanın üzerine yerleştirin.

30.Kiraz Çiçeği Bundt Kek

İÇİNDEKİLER:

SAKURA SERPİNLERİ:
- 1 büyük yumurta beyazı
- 2 ¼ bardak organik pudra şekeri (282g)
- 1 çay kaşığı saf vanilya özü
- 1 çay kaşığı Sakura özü (gül suyu veya portakal çiçeği yerine kullanılabilir)
- Gerektiğinde 1-2 çay kaşığı su
- Jel gıda boyası: pembenin çeşitli tonları

KİRAZ ÇİÇEĞİ KONFETİ KEK:
- 1 su bardağı tuzsuz tereyağı, yumuşatılmış (226g)
- 2 su bardağı toz şeker (400 gr)
- ⅓ su bardağı rafine hindistan cevizi yağı (72g)
- 2 çay kaşığı saf vanilya özü
- 2 çay kaşığı Sakura özü (gül suyu veya portakal çiçeği yerine kullanılabilir)
- 1 çay kaşığı ince deniz tuzu
- 2 çay kaşığı kabartma tozu
- 4 büyük yumurta akı, oda sıcaklığında
- 360 gr kek unu (yaklaşık 3 su bardağı, unu sallayıp ölçü kabına serpin ve kabı düzleştirin)
- 1 bardak Sakura serpintisi (yukarıdan)

PEMBE SAKURA SIR:
- 1 su bardağı pudra şekeri (113g)
- 1-2 yemek kaşığı kan portakalı suyu veya dondurulmuş ahududu püresi (çekirdekleri çıkarılmış)
- 1 çay kaşığı Sakura özü

TALİMATLAR:

SAKURA SERPİNLERİ:

a) Üç kurabiye yaprağını yağlayın ve parşömen kağıdıyla hizalayın. İki delikli boru ucu takılı bir krema torbasını hazır bulundurun; Torbayı yarıya kadar açın ve boş bir bardağa baş aşağı yerleştirin.

b) Yumurta akı, pudra şekeri, vanilya ve Sakura özünü birlikte çırpın. Tutkal kıvamına gelinceye kadar su ile kıvamını ayarlayın.

c) Macunu üç kaseye ayırın ve her birini farklı bir pembe tonuyla renklendirin. En açık pembeden başlayıp en koyuya doğru ilerleyerek kurabiye kağıtlarının üzerine yapıştırın. Gece boyunca kurumasını bekleyin.

ç) Ertesi gün sertleşen çubukları küçük parçalara ayırın. Kullanıma hazır olana kadar bir kenara koyun.

KİRAZ ÇİÇEĞİ KONFETİ KEK:

d) Fırını önceden 350°F'ye ısıtın. 10 fincanlık bir tepsiyi pişirme spreyi ile yağlayın.

e) Bir stand mikserinde tereyağı, hindistancevizi yağı, tuz, şeker, ekstraktlar ve kabartma tozunu kabarıncaya kadar (en az beş dakika) birlikte çırpın.

f) Yumurta aklarını teker teker ekleyin ve her eklemeden sonra iyice çırpın. Bütün yumurtalar karıştıktan sonra birkaç dakika daha çırpın.

g) Kek ununu hamurun üzerine eleyin ve plastik bir spatula ile karıştırın. Mikser açıkken kefiri dökün ve tamamen birleşene kadar çırpın.

ğ) Sakura serpintilerini plastik bir spatula ile katlayın. Hamuru tepsiye dökün ve yaklaşık 45 dakika veya basıldığında ortası eski haline dönene kadar pişirin.

h) Pastayı 5-10 dakika tavada soğumaya bırakın, ardından tamamen soğuması için bir tabağa çevirin.

PEMBE SAKURA SIR:

ı) Bir macun oluşturmak için tüm sır malzemelerini birleştirin. Meyve suyuyla kalınlığını ayarlayın.

i) Soğuyan kekin üzerine glazürü dökün. Üzerine kalan irmikleri ekleyin.

j) Optimum tazelik için pastayı 3 güne kadar oda sıcaklığında hava geçirmez bir kapta saklayın. Bu Kiraz Çiçeği Bundt Pastasının zarif lezzetlerinin ve çarpıcı görünümünün tadını çıkarın!

31.Limonlu Zencefil Bundt Kek

İÇİNDEKİLER:
KEK İÇİN:
- 2 ½ su bardağı un
- ½ çay kaşığı karbonat
- ½ çay kaşığı kabartma tozu
- 1 çay kaşığı tuz
- 1 su bardağı tereyağı, oda sıcaklığında
- 1 ½ su bardağı şeker
- 1 bardak ricotta
- 2 yemek kaşığı limon kabuğu rendesi (yaklaşık iki limondan)
- 2 yemek kaşığı taze rendelenmiş zencefil (veya 4 yemek kaşığı öğütülmüş zencefil)
- 4 yumurta, oda sıcaklığında
- ½ bardak limon suyu (yaklaşık 1 ½ limondan)

GLAZÜR İÇİN:
- 2 su bardağı elenmiş pudra şekeri
- 1 yemek kaşığı limon kabuğu rendesi
- 4 yemek kaşığı limon suyu

TALİMATLAR:

a) Fırını 350 dereceye kadar önceden ısıtın. 10 bardaklık bir tavayı tereyağı ve unla iyice yağlayın.
b) Orta boy bir kapta un, kabartma tozu, kabartma tozu ve tuzu birlikte çırpın. Öğütülmüş zencefil kullanıyorsanız bu noktada un karışımına ekleyin.
c) Büyük bir kapta, el mikseri veya elektrikli mikser kullanarak tereyağını kremsi ve pürüzsüz hale gelinceye kadar çırpın. Yavaş yavaş şekeri ekleyin ve orta hızda kabarıncaya kadar çırpın.
ç) Ricotta, limon kabuğu rendesi ve rendelenmiş zencefili ekleyin. Birleşene kadar çırpın; biraz ayrılmış gibi görünebilir ama sorun değil.
d) Yumurtaları teker teker ekleyin, sarıları kaybolana kadar çırpın.
e) Düşük hızda karıştırırken, un karışımını dönüşümlü olarak limon suyuyla birlikte, unla başlayıp bitirerek ekleyin.
f) Hazırladığınız kek kalıbına hamuru kaşıkla dökün ve üzerini spatulayla düzeltin. Kabarcıkları azaltmak için tavaya birkaç kez sertçe vurun.
g) 40-45 dakika veya batırdığınız kürdan temiz çıkana kadar pişirin. Pastayı 10-20 dakika boyunca tel ızgara üzerinde tavada soğumaya bırakın. Gevşetmek için kek kalıbını hafifçe sallayın, ardından tel ızgaranın üzerine ters çevirin ve tamamen soğumasını bekleyin.
ğ) Bu arada glazürü hazırlayın. Orta boy bir kapta pudra şekeri, limon kabuğu rendesi ve limon suyunu pürüzsüz hale gelinceye kadar çırpın.
h) Soğuyan kekin üzerine glazürü gezdirin ve soğumaya bırakın. Eğlence!

32.Gül Fıstıklı Bundt Kek

İÇİNDEKİLER:
- 2 1/2 bardak çok amaçlı un
- 1/2 çay kaşığı kabartma tozu
- 1/2 çay kaşığı karbonat
- 1/4 çay kaşığı tuz
- 1 su bardağı tuzsuz tereyağı, oda sıcaklığında
- 2 su bardağı toz şeker
- 4 yumurta
- 1 çay kaşığı vanilya özü
- 1 çay kaşığı gül suyu
- 1 bardak ayran
- 1 su bardağı Antep fıstığı, ince doğranmış
- 2 yemek kaşığı kurutulmuş gül yaprakları (yenilebilir)

SIR:
- 1 su bardağı pudra şekeri
- 2-3 yemek kaşığı süt
- 1/2 çay kaşığı gül suyu
- Süslemek için dövülmüş antep fıstığı ve gül yaprakları

TALİMATLAR:
a) Fırını 350°F'ye (175°C) önceden ısıtın. Bir tepsiyi yağlayıp unlayın.
b) Unu, kabartma tozunu, kabartma tozunu ve tuzu birlikte çırpın.
c) Tereyağı ve şekeri hafif ve kabarık olana kadar kremalayın. Yumurtaları birer birer ekleyin, ardından vanilya ve gül suyunu ekleyerek karıştırın. Alternatif olarak kuru malzemeler ve ayran ekleyin, kuru malzemelerle başlayıp bitirin. Antep fıstığını katlayın.
ç) Hamuru hazırlanan tavaya dökün. Gül yapraklarını hamurun üzerine serpin ve mermer efekti oluşturmak için bir şişle hafifçe karıştırın.
d) 50-60 dakika veya batırdığınız kürdan temiz çıkana kadar pişirin. Tavada 10 dakika soğutun, ardından tamamen soğuması için tel ızgaraya ters çevirin.
e) Sır için pudra şekeri, süt ve gül suyunu pürüzsüz hale gelinceye kadar çırpın. Soğuyan kekin üzerine gezdirip toz fıstık ve gül yapraklarıyla süsleyin.

33.Earl Grey Çay Bundt Kek

İÇİNDEKİLER:
- 3 su bardağı çok amaçlı un
- 1 çay kaşığı kabartma tozu
- 1/2 çay kaşığı karbonat
- 1/2 çay kaşığı tuz
- 1 su bardağı tuzsuz tereyağı, yumuşatılmış
- 2 su bardağı toz şeker
- 4 yumurta
- 2 yemek kaşığı Earl Grey çay yaprakları (ince öğütülmüş)
- 1 çay kaşığı vanilya özü
- 1 bardak süt

SIR:
- 1 su bardağı pudra şekeri
- 2-3 yemek kaşığı demlenmiş Earl Grey çayı (soğutulmuş)

TALİMATLAR:
a) Fırını 350°F'ye (175°C) önceden ısıtın. Bir tepsiyi yağlayıp unlayın.
b) Un, kabartma tozu, kabartma tozu ve tuzu karıştırın. Bir kenara koyun.
c) Tereyağı ve şekeri hafif ve kabarık olana kadar kremalayın. Yumurtaları birer birer, ardından vanilyayı ekleyin. Öğütülmüş çay yapraklarını karıştırın.
ç) Kuru malzemelerle başlayıp bitirerek, hamura dönüşümlü olarak kuru malzemeler ve süt ekleyin.
d) Hamuru hazırlanan tavaya dökün. 55-65 dakika veya kürdan temiz çıkana kadar pişirin. Tavada soğutun, ardından tel ızgara üzerine ters çevirin.
e) Sır için pudra şekerini demlenmiş çay ile pürüzsüz hale gelinceye kadar çırpın. Soğuyan kekin üzerine gezdirin.

34.Portakal Çiçeği Bademli Bundt Kek

İÇİNDEKİLER:

- 2 3/4 bardak çok amaçlı un
- 1 çay kaşığı kabartma tozu
- 1/2 çay kaşığı karbonat
- 1/4 çay kaşığı tuz
- 1 su bardağı tuzsuz tereyağı, yumuşatılmış
- 2 su bardağı toz şeker
- 5 yumurta
- 2 çay kaşığı portakal çiçeği suyu
- 1 portakalın kabuğu rendesi
- 1 su bardağı ekşi krema
- 1 su bardağı badem unu

SIR:

- 1 su bardağı pudra şekeri
- 3-4 yemek kaşığı portakal suyu
- 1/2 çay kaşığı portakal çiçeği suyu

TALİMATLAR:

a) Fırını 350°F'ye (175°C) önceden ısıtın. Bir tepsiyi yağlayıp unlayın.
b) Çok amaçlı un, kabartma tozu, kabartma tozu ve tuzu birlikte çırpın.
c) Tereyağı ve şekeri kabarıncaya kadar krema haline getirin. Yumurtaları birer birer ekleyin, ardından portakal çiçeği suyunu ve lezzetini ekleyin. Kuru malzemelerle başlayıp kuru malzemelerle bitirerek dönüşümlü olarak kuru malzemeleri ve ekşi kremayı karıştırın. Badem ununu katlayın.
ç) Bund tavasına dökün. 60-70 dakika veya test cihazı temiz çıkana kadar pişirin. Soğutun, ardından bir rafa ters çevirin.
d) Sır için pudra şekeri, portakal suyu ve portakal çiçeği suyunu karıştırın. Gerekirse daha fazla meyve suyu veya şeker ekleyerek kıvamı ayarlayın. Kekin üzerine gezdirin.

35.Adaçayı ve Narenciye Bundt Kek

İÇİNDEKİLER:
- 3 su bardağı çok amaçlı un
- 2 çay kaşığı kabartma tozu
- 1/2 çay kaşığı karbonat
- 1/2 çay kaşığı tuz
- 1 su bardağı tuzsuz tereyağı, oda sıcaklığında
- 2 su bardağı toz şeker
- 4 yumurta
- 1 yemek kaşığı taze adaçayı, ince doğranmış
- 2 yemek kaşığı narenciye kabuğu rendesi (limon, limon ve portakal karışımı)
- 1 bardak ayran
- 1 limonun suyu

SIR:
- 1 su bardağı pudra şekeri
- 2 yemek kaşığı narenciye suyu (limon, limon ve portakal karışımı)
- Garnitür için adaçayı yaprakları

TALİMATLAR:
a) Fırını 350°F'ye (175°C) önceden ısıtın. Bir tepsiyi yağlayıp unlayın.
b) Un, kabartma tozu, kabartma tozu ve tuzu birleştirin.
c) Büyük bir kapta, tereyağı ve şekeri hafif ve kabarık olana kadar krema haline getirin. Yumurtaları birer birer çırpın, ardından adaçayı ve narenciye kabuğu rendesini ekleyin. Kuru malzemelerle başlayıp bitirerek, hamura dönüşümlü olarak kuru malzemeler ve ayran ekleyin. Limon suyunu karıştırın.
ç) Hamuru hazırlanan tavaya dökün. 55-65 dakika, batırdığınız kürdan temiz çıkana kadar pişirin. Soğumaya bırakın, ardından bir rafa ters çevirin.
d) Sır için pudra şekeri ve narenciye suyunu pürüzsüz hale gelinceye kadar çırpın. Soğuyan kekin üzerine gezdirin ve adaçayı yapraklarıyla süsleyin.

36.Kakule Armutlu Bundt Kek

İÇİNDEKİLER:

- 3 su bardağı çok amaçlı un
- 1 çay kaşığı kabartma tozu
- 1/2 çay kaşığı karbonat
- 1/4 çay kaşığı tuz
- 2 çay kaşığı öğütülmüş kakule
- 1 su bardağı tuzsuz tereyağı, oda sıcaklığında
- 2 su bardağı toz şeker
- 4 yumurta
- 1 çay kaşığı vanilya özü
- 1 su bardağı ekşi krema
- 2 armut, soyulmuş, çekirdeği çıkarılmış ve doğranmış

SIR:

- 1 su bardağı pudra şekeri
- 2-3 yemek kaşığı süt
- 1/2 çay kaşığı vanilya özü

TALİMATLAR:

a) Fırını 350°F'ye (175°C) önceden ısıtın. Bir tepsiyi yağlayıp unlayın.

b) Bir kapta un, kabartma tozu, kabartma tozu, tuz ve kakuleyi birlikte çırpın.

c) Büyük bir kapta, tereyağını ve şekeri hafif ve kabarık olana kadar kremalayın. Yumurtaları birer birer çırpın, ardından vanilyayı ekleyip karıştırın. Un karışımını, ekşi krema ile dönüşümlü olarak, unla başlayıp biten şekilde yavaş yavaş ekleyin. Doğranmış armutları katlayın.

ç) Hamuru hazırlanan tavaya dökün. 60-70 dakika veya batırdığınız kürdan temiz çıkana kadar pişirin. Tavada 10 dakika soğutun, ardından tamamen soğuması için tel ızgaraya ters çevirin.

d) Sır için pudra şekeri, süt ve vanilyayı pürüzsüz hale gelinceye kadar çırpın. Soğuyan kekin üzerine gezdirin.

37.Kekik ve Ballı Şeftali Bundt Kek

İÇİNDEKİLER:
- 3 su bardağı çok amaçlı un
- 1 çay kaşığı kabartma tozu
- 1/2 çay kaşığı karbonat
- 1/4 çay kaşığı tuz
- 1 su bardağı tuzsuz tereyağı, yumuşatılmış
- 1 1/2 su bardağı toz şeker
- 1/2 bardak bal
- 4 yumurta
- 2 çay kaşığı taze kekik yaprağı
- 1 çay kaşığı vanilya özü
- 1 bardak Yunan yoğurdu
- 2 şeftali, soyulmuş ve doğranmış

SIR:
- 1 su bardağı pudra şekeri
- 2 yemek kaşığı şeftali suyu veya süt
- 1 yemek kaşığı bal

TALİMATLAR:
a) Fırını 350°F'ye (175°C) önceden ısıtın. Bir tepsiyi yağlayıp unlayın.
b) Un, kabartma tozu, kabartma tozu ve tuzu karıştırın.
c) Büyük bir kapta tereyağı, şeker ve balı kabarıncaya kadar krema haline getirin. Yumurtaları birer birer çırpın, ardından kekik ve vanilyayı ekleyin. Alternatif olarak kuru malzemeleri ve Yunan yoğurtunu karıştırın. Doğranmış şeftalileri katlayın.
ç) Hazırlanan tavaya dökün. 55-65 dakika veya kürdan temiz çıkana kadar pişirin. Tavada soğutun, ardından bir rafa ters çevirin.
d) Sır için pudra şekeri, şeftali suyu veya süt ve balı birleştirin. Gerekirse tutarlılığı ayarlayın. Kekin üzerine gezdirin.

38.Yaseminli Yeşil Çaylı Kek

İÇİNDEKİLER:
- 3 su bardağı çok amaçlı un
- 1 1/2 çay kaşığı kabartma tozu
- 1/2 çay kaşığı karbonat
- 1/4 çay kaşığı tuz
- 1 su bardağı tuzsuz tereyağı, oda sıcaklığında
- 2 su bardağı toz şeker
- 4 yumurta
- 2 yemek kaşığı yasemin yeşili çay yaprakları (ince öğütülmüş)
- 1 çay kaşığı vanilya özü
- 1 bardak ayran

SIR:
- 1 su bardağı pudra şekeri
- 2-3 yemek kaşığı demlenmiş yasemin yeşili çayı (soğutulmuş)

TALİMATLAR:
a) Fırını 350°F'ye (175°C) önceden ısıtın. Bir tepsiyi yağlayıp unlayın.
b) Unu, kabartma tozunu, kabartma tozunu ve tuzu birlikte çırpın.
c) Büyük bir kapta, tereyağını ve şekeri hafif ve kabarık olana kadar kremalayın. Yumurtaları birer birer ekleyin, ardından öğütülmüş çay yapraklarını ve vanilyayı ekleyerek karıştırın. Alternatif olarak kuru malzemeler ve ayran ekleyin, kuru malzemelerle başlayıp bitirin.
ç) Hamuru tavaya dökün. 55-65 dakika veya kürdan temiz çıkana kadar pişirin. Tavada soğumaya bırakın, ardından tel ızgara üzerine ters çevirin.
d) Sır için pudra şekerini demlenmiş çay ile pürüzsüz hale gelinceye kadar çırpın. Servis etmeden önce soğuyan kekin üzerine dökün ve soğumasını bekleyin.

CEVİZLİ KEKLER

39.Pralin Bundt Kek

İÇİNDEKİLER:
- 3 su bardağı çok amaçlı un
- 1 çay kaşığı karbonat
- 1 çay kaşığı koşer tuzu
- 1½ su bardağı esmer şeker
- 1½ su bardağı toz şeker
- 1½ bardak (3 çubuk) tuzsuz tereyağı, oda sıcaklığında
- 5 büyük yumurta
- 1 bardak ayran
- 1 yemek kaşığı vanilya özü

BUZLANMA İÇİN:
- 5 yemek kaşığı tuzsuz tereyağı
- 1 su bardağı esmer şeker
- 1¼ su bardağı pudra şekeri
- ¼ bardak buharlaştırılmış süt
- 1 çay kaşığı vanilya özü
- 1 su bardağı kıyılmış ceviz

TALİMATLAR:

a) Fırını önceden 325 derece F'ye ısıtın. Büyük bir Bundt tavasına yapışmaz pişirme spreyi püskürtün.

b) Büyük bir karıştırma kabında un, kabartma tozu ve tuzu birlikte eleyin. Yan tarafa ayarlayın.

c) Ayrı bir büyük kapta şekeri ve tuzsuz tereyağını birleştirin. Güzel ve kremsi bir kıvama gelinceye kadar karıştırın, ardından yumurtaları birer birer eklemeye başlayın. İyice birleşene kadar karıştırın.

ç) Tereyağı ve yumurta karışımının bulunduğu kaseye, her şey karışıncaya kadar ayran ve kuru malzemeleri dönüşümlü olarak ekleyin. Düşük hızda karıştırmayı unutmayın. Daha sonra vanilyayı ekleyip hamurun içine katlayın.

d) Kek hamurunu hazırlanan tavaya dökün ve hava kabarcıklarından kurtulmak için sallayın. Pastayı altın kahverengi olana kadar 1 saat ila 1 saat 15 dakika kadar pişirin. Fırından çıkarın ve keki kalıptan çıkarmadan önce 20 dakika kalıpta soğumaya bırakın.

e) Kremayı hazırlamak için tereyağını orta boy bir tencerede orta-yüksek ateşte eritin. Esmer şekeri ve pudra şekerini ekleyin. Buharlaştırılmış sütü dökün, karıştırın. 2 dakika boyunca köpürmesini bekleyin, ardından ısıyı kapatın. Vanilyayı ekleyip cevizleri serpin. Malzemeleri katlayın ve 20 dakika bekletin.

f) Cevizli kremayı pastanın her yerine dökün ve servis yapmadan önce pastayı en az 30 dakika bekletin.

40.Fıstık Ezmesi ve Jöle Girdaplı Bundt Kek

İÇİNDEKİLER:

- 2½ bardak Çok amaçlı un
- 1½ çay kaşığı Kabartma tozu
- 1 çay kaşığı Kabartma tozu
- ½ çay kaşığı Tuz
- ½ bardak Tuzsuz tereyağı; oda sıcaklığında
- 2 su bardağı Şeker
- ¼ fincan Tıknaz tarzı fıstık ezmesi
- 2 çay kaşığı Vanilya özü
- 3 büyük Yumurta
- 1 su bardağı Süt ekşi krema
- ½ bardak Üzüm Jölesi

TALİMATLAR:

a) Fırını 350 dereceye kadar önceden ısıtın. Fırın rafını fırının alt üçte birlik kısmına yerleştirin. Un, kabartma tozu, kabartma tozu ve tuzu birlikte çırpın; bir kenara koyun.

b) Büyük bir elektrikli karıştırıcı kabında, tereyağı ve şekeri hafif ve kabarık olana kadar çırpın.

c) Fıstık ezmesini ve vanilyayı ekleyin, iyice birleşene kadar çırpın. Yumurtaları birer birer ekleyin, karışana kadar çırpın.

ç) Ekşi kremayla çırpın. Mikseri en düşük hıza düşürün ve un karışımını yavaş yavaş ekleyerek karışana kadar karıştırın.

d) Hamurun yarısını (yaklaşık 3 bardak) yağlanmış 12 fincanlık Bundt tepsisine kaşıkla dökün.

e) Tava kenarlarından kaçınarak hamurun üzerine 3 T. jöle dökün. Bir şiş veya ince uçlu bir bıçak kullanarak jöleyi hamurun içine kısmen karıştırın. Kalan hamuru bir kaşıkla tavaya dökün ve kalan jöleyi hamurun içine döndürün.

f) 1 saat kadar veya ortasına batırdığınız tahta kürdan temiz çıkana kadar pişirin.

g) Pastayı 10 dakika boyunca tavada soğumaya bırakın, ardından tel ızgara üzerine ters çevirin.

ğ) Sıcak veya oda sıcaklığında servis yapın.

41. Akçaağaç Cevizli Streusel Bundt Kek

İÇİNDEKİLER:
KEK İÇİN:
- 1 kutu sarı kek karışımı
- ½ bardak tuzsuz tereyağı, eritilmiş
- 1 su bardağı ekşi krema
- ½ bardak saf akçaağaç şurubu
- 3 büyük yumurta
- 1 çay kaşığı vanilya özü

STREUSEL ÜSTÜ İÇİN:
- ½ bardak çok amaçlı un
- ¼ su bardağı toz şeker
- ¼ bardak tuzsuz tereyağı, soğuk ve küp şeklinde
- ½ su bardağı kıyılmış ceviz

TALİMATLAR:
a) Fırını önceden 350°F'ye (175°C) ısıtın ve kek kalıbını cömertçe yağlayın.

b) Büyük bir karıştırma kabında sarı kek karışımını, eritilmiş tereyağını, ekşi kremayı, akçaağaç şurubunu, yumurtaları ve vanilya özünü birleştirin. İyice birleşene ve pürüzsüz olana kadar karıştırın.

c) Hazırladığınız kek kalıbına hamurun yarısını dökün ve eşit şekilde yayın.

ç) Streusel sosunu hazırlamak için ayrı bir kapta çok amaçlı un ve toz şekeri karıştırın. Soğuk küp küp tereyağını ekleyin ve ufalanana kadar bir çatal veya pasta kesici kullanın. Kıyılmış cevizleri karıştırın.

d) Streusel sosunun yarısını tavadaki kek hamurunun üzerine serpin.

e) Kalan kek hamurunu streusel tabakasının üzerine dökün ve eşit şekilde dağıtın.

f) Kalan streusel karışımını üstüne ekleyin.

g) Keki 45-50 dakika veya ortasına batırdığınız kürdan temiz çıkana kadar pişirin.

ğ) Tamamen soğuması için pastayı tel rafa aktarmadan önce yaklaşık 15 dakika tavada soğumaya bırakın.

42.Çılgın Banoffee Bundt Kek

İÇİNDEKİLER:
- 1 Paket Krusteaz Tarçınlı Girdaplı Kek ve Muffin Karışımı
- 1 yumurta
- ⅔ Bardak Su
- 1 çay kaşığı Vanilya özü
- ½ Su Bardağı kıyılmış ceviz
- ¼ Fincan Şekerleme parçaları
- 2 adet olgun muz, püre haline getirilmiş
- ¼ Bardak Karamel sos
- Pişirme spreyi

TALİMATLAR:
a) Fırını 350°F'ye ısıtın. 6 fincanlık bir tepsiyi pişirme spreyi ile hafifçe yağlayın.
b) Bir kapta kek karışımını, yumurtayı, suyu, vanilya özütünü, ¼ bardak kıyılmış cevizleri, şekerleme parçalarını ve ezilmiş muzları karışıncaya kadar birleştirin. Hamur biraz topaklı olacak.
c) Hazırladığınız kek kalıbına hamurun yarısını kaşıkla dökün ve eşit şekilde yayın. Tarçın tepesi poşetinin yarısını hamurun üzerine serpin. Kalan hamuru küçük kaşıklar halinde üst tabakanın üzerine dökün ve tavanın kenarına kadar yayın. Kalan malzemeyi hamurun üzerine eşit şekilde serpin.
ç) Önceden ısıtılmış fırında 40-45 dakika veya ortasına batırdığınız kürdan temiz çıkana kadar pişirin.
d) Pastayı 5-10 dakika soğutun. Kekin kenarlarını tereyağı bıçağıyla kalıptan ayırın ve dikkatlice servis tabağına ters çevirin.
e) Pastayı karamel sosla gezdirin ve kalan kıyılmış cevizlerle süsleyin.

43.Sırlı Bademli Bundt Kek

İÇİNDEKİLER:
KEK İÇİN:
- 2 ½ su bardağı çok amaçlı un
- ½ su bardağı öğütülmüş badem
- 2 çay kaşığı kabartma tozu
- ½ çay kaşığı tuz
- 1 bardak tereyağı, yumuşatılmış
- 2 su bardağı beyaz şeker
- 4 yumurta
- 1 ⅔ çay kaşığı vanilya özü
- 1 ½ çay kaşığı badem özü
- 1 bardak süt

GLAZÜR İÇİN:
- ¼ bardak süt
- ¾ su bardağı beyaz şeker
- ½ çay kaşığı badem özü
- ½ su bardağı dilimlenmiş badem

TALİMATLAR:

a) Fırını önceden 350 derece F'ye (175 derece C) ısıtın. 10 inçlik bir Bundt tavasını yağlayın ve unlayın.
b) Bir kapta un, öğütülmüş badem, kabartma tozu ve tuzu karıştırın.
c) Büyük bir kapta, tereyağı ve şekeri hafif ve kabarık olana kadar krema haline getirin.
ç) Yumurtaları birer birer çırpın, ardından vanilya ve badem özünü ekleyerek karıştırın.
d) Un karışımını dönüşümlü olarak sütle birlikte çırpın, sadece karışana kadar karıştırın.
e) Hamuru hazırlanan Bundt tavasına dökün. Önceden ısıtılmış fırında 60 ila 70 dakika veya kekin ortasına batırdığınız kürdan temiz çıkana kadar pişirin.
f) 10 dakika soğutun, ardından bir tel ızgara üzerine ters çevirin ve 10 dakika daha soğutun.
g) Bu arada **GLAZE'İ HAZIRLAYIN:** Süt, şeker, badem özü ve dilimlenmiş bademleri bir kasede birleştirin.
ğ) Tel ızgarayı ve pastayı mumlu bir kağıdın üzerine yerleştirin. Sıcak kekin üzerine glazürü dökün.

44.Fıstıklı Bundt Kek

İÇİNDEKİLER:
FISTIKLI KEK İÇİN:
- 2 ½ bardak (312 g) çok amaçlı un
- 2 çay kaşığı kabartma tozu
- ½ çay kaşığı tuz
- ½ su bardağı kabukları soyulmuş ve öğütülmüş antep fıstığı
- 1 su bardağı (226 gr) tuzsuz tereyağı, oda sıcaklığında
- 2 su bardağı (400 gr) toz şeker
- 4 büyük yumurta, oda sıcaklığında
- 2 çay kaşığı fıstık özü (notlara bakın)
- 1 çay kaşığı vanilya özü
- 1 su bardağı (240 ml) tam yağlı süt, oda sıcaklığında

VANİLYA SONRASI İÇİN:
- 1 ½ su bardağı (180 gr) şekerleme şekeri, elenmiş
- 1-2 yemek kaşığı süt
- 1 çay kaşığı saf vanilya özü
- Süslemek için ½ su bardağı kabuklu fıstık

TALİMATLAR:
a) Fırını önceden 350° F'ye ısıtın. 10 inçlik bir tepsiyi yağlayın ve unlayın.
b) Unu, kabartma tozunu, tuzu ve öğütülmüş antep fıstığını birlikte çırpın. Bir kenara koyun.
c) Bir stand mikserinin kasesinde (veya bir el mikseri kullanarak), tereyağını ve şekeri hafif ve kremsi bir kıvama gelinceye kadar yaklaşık 2 dakika krema haline getirin.
ç) Yumurtaları teker teker ekleyin ve her eklemeden sonra iyice çırpın. Gerektiğinde kasenin yanlarını ve altını kazıyın. Antep fıstığı ekstraktı ve vanilya ekstraktını karıştırın.
d) Un karışımını ve sütü dönüşümlü olarak ekleyerek un karışımıyla bitirin ve bitirin. Aşırı karıştırmayın.

KEK PİŞİRİN:
e) Hamuru hazırlanan tavaya dökün. 350° F'de 60 ila 70 dakika veya pastanın ortasına batırılan kürdan temiz çıkana kadar pişirin. Tavada 10 dakika soğutun, ardından tamamen soğuması için tel ızgaraya ters çevirin.

BUZLAMAYI YAPIN:
f) Şekerlemelerin şekerini, sütünü ve vanilya özünü birlikte çırpın. Soğuyan kekin üzerine dökün ve üzerini fıstıkla süsleyin.
g) Krema sertleştikten sonra bu lezzetli Fıstıklı Bundt Pastayı dilimleyin ve servis edin.

45.Cevizli Turta Bundt Kek

İÇİNDEKİLER:
KEK İÇİN:
- 2 yemek kaşığı tereyağı
- 1 su bardağı ince kıyılmış ceviz
- 1 su bardağı tuzsuz tereyağı, yumuşatılmış
- 1 ¾ su bardağı toz şeker
- 1 yemek kaşığı vanilya özü
- 4 büyük yumurta
- 2 fincan çok amaçlı un
- 1 çay kaşığı kabartma tozu
- ¾ bardak Portakal Çiçeği Balı
- ½ bardak tam ayran

Çiseleyen yağmur için:
- ½ bardak sıkıca paketlenmiş açık kahverengi şeker
- ¼ fincan tuzsuz tereyağı
- 2 yemek kaşığı kahve kreması (Fındık aroması tercih edilir)
- Bir tutam tuz

TALİMATLAR:
a) Fırını 325°F'ye önceden ısıtın.

KEK İÇİN:
b) 10 fincanlık Kugelhopf Bundt Tavasını tereyağıyla yağlayın. Cevizleri tavaya serpin ve kaplamak için tavayı döndürün. Kalan cevizleri tavanın dibine bırakarak eşit dağılım sağlayın.
c) Bir stand mikseri kullanarak tereyağı, şeker ve vanilyayı orta hızda kabarık olana kadar yaklaşık 4 ila 5 dakika çırpın, kasenin kenarlarını kazımak için durun.
ç) Yumurtaları teker teker ekleyin ve her eklemeden sonra iyice çırpın.
d) Orta boy bir kapta un ve kabartma tozunu birlikte çırpın. Küçük bir kapta bal ve ayranı karıştırın.
e) Un karışımını, un karışımıyla başlayıp biterek, ayran karışımıyla dönüşümlü olarak tereyağ karışımına yavaş yavaş ekleyin. Her eklemeden sonra birleşene kadar çırpın.
f) Hamuru hazırlanan tavaya kaşıkla dökün.
g) Ortaya yakın bir yere yerleştirilen tahta bir kazma birkaç nemli kırıntı ile çıkana kadar yaklaşık 1 saat pişirin.
ğ) Pastayı 10 dakika kadar tavada soğumaya bırakın. Pastayı tel ızgara üzerine ters çevirin ve 30 dakika daha soğumaya bırakın.

Çiseleyen yağmur için:
h) Küçük bir tencerede esmer şekeri, tereyağını, kahve kremasını ve tuzu kaynatın.
ı) Ateşten alın ve karışımı yavaşça sıcak kekin üzerine gezdirin.

46.Fındıklı Çikolatalı Girdaplı Kek

İÇİNDEKİLER:
- 2 1/2 bardak çok amaçlı un
- 1/2 çay kaşığı kabartma tozu
- 1/2 çay kaşığı karbonat
- 1/4 çay kaşığı tuz
- 1 su bardağı tuzsuz tereyağı, oda sıcaklığında
- 2 su bardağı toz şeker
- 4 yumurta
- 1 çay kaşığı vanilya özü
- 1 su bardağı ekşi krema
- 1 su bardağı fındık, kavrulmuş ve ince doğranmış
- 1/2 bardak kakao tozu
- 1/4 su bardağı süt

SIR:
- 1 su bardağı pudra şekeri
- 2 yemek kaşığı kakao tozu
- 3-4 yemek kaşığı süt
- Süslemek için kıyılmış fındık

TALİMATLAR:
a) Fırını 350°F'ye (175°C) önceden ısıtın. Bir tepsiyi yağlayıp unlayın.
b) Unu, kabartma tozunu, kabartma tozunu ve tuzu birlikte çırpın.
c) Tereyağı ve şekeri hafif ve kabarık olana kadar kremalayın. Yumurtaları birer birer ekleyin, ardından vanilyayı ekleyip karıştırın. Ekşi krema ile dönüşümlü olarak un karışımını yavaş yavaş ekleyin. Fındıkları karıştırın.
ç) Hamuru ikiye bölün. Kakao tozu ve sütü yarıya kadar karıştırın. Her iki hamurdan kaşık dolusu bir bıçakla hafifçe döndürerek demet tavasına dökün.
d) 55-65 dakika veya kürdan temiz çıkana kadar pişirin. Tavada 10 dakika soğutun, ardından tamamen soğuması için tel ızgaraya ters çevirin.
e) Sır için pudra şekeri, kakao tozu ve sütü pürüzsüz hale gelinceye kadar çırpın. Soğuyan kekin üzerine dökün ve kıyılmış fındık serpin.

47.Kaju Hindistan Cevizli Bundt Kek

İÇİNDEKİLER:
- 3 su bardağı çok amaçlı un
- 1 çay kaşığı kabartma tozu
- 1/2 çay kaşığı karbonat
- 1/4 çay kaşığı tuz
- 1 su bardağı tuzsuz tereyağı, yumuşatılmış
- 2 su bardağı toz şeker
- 4 yumurta
- 1 çay kaşığı vanilya özü
- 1 bardak hindistan cevizi sütü
- 1 bardak kaju fıstığı, kızartılmış ve iri kıyılmış
- 1 su bardağı kıyılmış hindistan cevizi

SIR:
- 1 su bardağı pudra şekeri
- 2-3 yemek kaşığı hindistan cevizi sütü
- Garnitür için kavrulmuş rendelenmiş hindistan cevizi ve kaju parçaları

TALİMATLAR:
a) Fırını 350°F'ye (175°C) önceden ısıtın. Bir tepsiyi yağlayıp unlayın.
b) Un, kabartma tozu, kabartma tozu ve tuzu karıştırın.
c) Büyük bir kapta tereyağını ve şekeri kabarıncaya kadar kremalayın. Yumurtaları birer birer çırpın, ardından vanilyayı ekleyin. Alternatif olarak kuru malzemeleri ve hindistancevizi sütünü karıştırın. Kıyılmış kaju fıstığını ve kıyılmış hindistan cevizini ekleyin.
ç) Hamuru hazırlanan tavaya dökün. 60-70 dakika veya batırdığınız kürdan temiz çıkana kadar pişirin. Tavada soğutun, ardından tel ızgara üzerine ters çevirin.
d) Sır için pudra şekerini hindistan cevizi sütüyle pürüzsüz hale gelinceye kadar karıştırın. Pastanın üzerine gezdirin ve kızarmış hindistan cevizi ve kaju parçalarıyla süsleyin.

48.Cevizli Ballı Baharatlı Kek

İÇİNDEKİLER:
- 3 su bardağı çok amaçlı un
- 1 çay kaşığı kabartma tozu
- 1/2 çay kaşığı karbonat
- 1/2 çay kaşığı tuz
- 1 çay kaşığı öğütülmüş tarçın
- 1/2 çay kaşığı öğütülmüş hindistan cevizi
- 1/4 çay kaşığı öğütülmüş karanfil
- 1 su bardağı tuzsuz tereyağı, oda sıcaklığında
- 1 su bardağı toz şeker
- 1 bardak bal
- 4 yumurta
- 1 çay kaşığı vanilya özü
- 1 bardak ayran
- 1 su bardağı ceviz, kavrulmuş ve ince doğranmış

SIR:
- 1 su bardağı pudra şekeri
- 2-3 yemek kaşığı bal
- 2 yemek kaşığı süt
- Süslemek için dövülmüş ceviz

TALİMATLAR:
a) Fırını 350°F'ye (175°C) önceden ısıtın. Bir tepsiyi yağlayıp unlayın.
b) Un, kabartma tozu, kabartma tozu, tuz, tarçın, hindistan cevizi ve karanfili birlikte çırpın.
c) Büyük bir kapta tereyağını, şekeri ve balı hafif ve kabarık olana kadar kremalayın. Yumurtaları birer birer çırpın, ardından vanilyayı ekleyip karıştırın. Alternatif olarak kuru malzemeler ve ayran ekleyin, kuru malzemelerle başlayıp bitirin. Cevizleri katlayın.
ç) Bund tavasına dökün. 60-70 dakika veya test cihazı temiz çıkana kadar pişirin. Tavada soğutun, ardından bir rafa ters çevirin.
d) Sır için pudra şekeri, bal ve sütü pürüzsüz hale gelinceye kadar çırpın. Soğuyan kekin üzerine dökün ve üzerine kıyılmış ceviz serpin.

49.Macadamia Mangolu Bundt Kek

İÇİNDEKİLER:

- 3 su bardağı çok amaçlı un
- 1 çay kaşığı kabartma tozu
- 1/2 çay kaşığı karbonat
- 1/4 çay kaşığı tuz
- 1 su bardağı tuzsuz tereyağı, oda sıcaklığında
- 2 su bardağı toz şeker
- 4 yumurta
- 1 çay kaşığı vanilya özü
- 1 su bardağı ekşi krema
- 1 bardak macadamia fıstığı, kızartılmış ve iri doğranmış
- 1 bardak taze mango, doğranmış

SIR:

- 1 su bardağı pudra şekeri
- 2-3 yemek kaşığı mango suyu veya süt
- Garnitür için ezilmiş macadamia fıstığı

TALİMATLAR:

a) Fırını 350°F'ye (175°C) önceden ısıtın. Bir tepsiyi yağlayıp unlayın.

b) Un, kabartma tozu, kabartma tozu ve tuzu birleştirin.

c) Büyük bir kapta, tereyağı ve şekeri hafif ve kabarık olana kadar krema haline getirin. Yumurtaları birer birer çırpın, ardından vanilyayı ekleyip karıştırın. Ekşi krema ile dönüşümlü olarak un karışımını yavaş yavaş ekleyin. Macadamia fıstığını ve mangoyu ekleyin.

ç) Hamuru hazırlanan tavaya dökün. 60-70 dakika veya ortasına batırdığınız kürdan temiz çıkana kadar pişirin. Tavada 10 dakika soğutun, ardından tamamen soğuması için tel ızgaraya ters çevirin.

d) Sır için pudra şekerini mango suyu veya sütle pürüzsüz hale gelinceye kadar karıştırın. Soğuyan kekin üzerine dökün ve üzerine ezilmiş macadamia fıstığı serpin.

50.Kestane Çikolatalı Bundt Kek

İÇİNDEKİLER:
- 3 su bardağı çok amaçlı un
- 1 çay kaşığı kabartma tozu
- 1/2 çay kaşığı karbonat
- 1/4 çay kaşığı tuz
- 1 su bardağı tuzsuz tereyağı, yumuşatılmış
- 2 su bardağı toz şeker
- 4 yumurta
- 1 çay kaşığı vanilya özü
- 1 bardak ayran
- 1 su bardağı kestane püresi
- 1 su bardağı damla çikolata

SIR:
- 1 su bardağı pudra şekeri
- 2 yemek kaşığı kakao tozu
- 3-4 yemek kaşığı süt
- Süslemek için çikolata parçacıkları ve kıyılmış kestane

TALİMATLAR:

a) Fırını 350°F'ye (175°C) önceden ısıtın. Bir tepsiyi yağlayıp unlayın.

b) Unu, kabartma tozunu, kabartma tozunu ve tuzu birlikte çırpın.

c) Tereyağı ve şekeri hafif ve kabarık olana kadar kremalayın. Yumurtaları birer birer, ardından vanilyayı ekleyin. Kestane püresini karıştırın. Alternatif olarak kuru malzemeleri ve ayranı ekleyin ve kuru malzemelerle bitirin. Çikolata parçacıklarını katlayın.

ç) Hazırlanan tavaya dökün. 55-65 dakika veya kürdan temiz çıkana kadar pişirin. Tavada soğutun, ardından bir rafa ters çevirin.

d) Sır için pudra şekeri, kakao tozu ve sütü pürüzsüz hale gelinceye kadar çırpın. Pastanın üzerine dökün ve çikolata parçaları ve kestane ile süsleyin.

51.Bademli Kayısılı Bundt Kek

İÇİNDEKİLER:

- 3 su bardağı çok amaçlı un
- 1 çay kaşığı kabartma tozu
- 1/2 çay kaşığı karbonat
- 1/4 çay kaşığı tuz
- 1 su bardağı tuzsuz tereyağı, oda sıcaklığında
- 2 su bardağı toz şeker
- 4 yumurta
- 1 çay kaşığı badem özü
- 1 su bardağı ekşi krema
- 1 su bardağı badem, kavrulmuş ve ince doğranmış
- 1 su bardağı kuru kayısı, doğranmış

SIR:

- 1 su bardağı pudra şekeri
- 2-3 yemek kaşığı kayısı suyu veya süt
- Süslemek için dilimlenmiş badem

TALİMATLAR:

a) Fırını 350°F'ye (175°C) önceden ısıtın. Bir tepsiyi yağlayıp unlayın.
b) Un, kabartma tozu, kabartma tozu ve tuzu karıştırın.
c) Büyük bir kapta tereyağını ve şekeri kabarıncaya kadar kremalayın. Yumurtaları birer birer ekleyin, ardından badem özünü ekleyin. Alternatif olarak kuru malzemeler ve ekşi krema ekleyin ve kuru malzemelerle bitirin. Badem ve kayısıları katlayın.
ç) Hamuru tavaya dökün. 60-70 dakika veya batırdığınız kürdan temiz çıkana kadar pişirin. Tavada soğutun, ardından tel ızgara üzerine ters çevirin.
d) Sır için pudra şekerini kayısı suyu veya sütle pürüzsüz hale gelinceye kadar karıştırın. Kekin üzerine gezdirin ve dilimlenmiş bademlerle süsleyin.

KAHVELİ KEKLER

52.Cappuccino Bundt Kek

İÇİNDEKİLER:

- ⅓ bardak hafif tada sahip zeytinyağı
- ½ su bardağı damla çikolata
- ½ su bardağı kıyılmış fındık (fındık veya ceviz)
- 1 paket sarı kek karışımı
- 4 yemek kaşığı hazır espresso kahve
- 2 çay kaşığı öğütülmüş tarçın
- 3 büyük yumurta
- 1 ¼ bardak su
- Şekerleme şekeri (tozlamak için)

TALİMATLAR:

a) 12 fincanlık bir Bundt tavasını zeytinyağıyla fırçalayıp ardından hafifçe un serperek hazırlayın. Fırınınızı 325°F'ye (162°C) önceden ısıtın.

b) Çikolata parçacıklarını ve kıyılmış fındıkları karıştırın. Bu karışımı hazırlanan Bundt tavasının tabanına eşit bir şekilde kaşıkla dökün.

c) Büyük bir kapta hazır espresso kahveyi ve öğütülmüş tarçını sarı kek karışımına karıştırın.

ç) Kek karışımına ⅓ bardak zeytinyağı, yumurta ve su ekleyin. Elektrikli karıştırıcıyla yavaşça nemlenene kadar karıştırın, ardından orta hızda 2 dakika çırpın.

d) Kek hamurunu tavadaki çikolata parçacıkları ve fındık tepesinin üzerine dökün.

e) Önceden ısıtılmış fırında yaklaşık 60 dakika veya kekin içine batırdığınız kürdan temiz çıkana kadar pişirin.

f) Pastayı 15 dakika tel ızgara üzerinde soğumaya bırakın, ardından kalıbı servis tabağına ters çevirin ve tamamen soğumasını bekleyin.

g) Kek soğuduktan sonra üzerine pudra şekeri serpin.

ğ) Servis zamanı geldiğinde pastayı dilimleyin ve hafif tatlandırılmış ricotta peyniri ile servis yapın.

h) Ricotta'yı tatlandırmak için yaklaşık 2 çay kaşığı toz şekeri 15 ons ricotta peyniriyle karıştırın. Daha fazla lezzet için pastayı biraz ekstra tarçınla tozlayın.

ı) Lezzetli Cappuccino Bundt Pastanızın tadını çıkarın!

53.Kahve Çiseleyen Mocha Bundt Kek

İÇİNDEKİLER:
KEK İÇİN:
- Bakery's Joy markası gibi yapışmaz pişirme spreyi
- 2½ su bardağı (300 gram) çok amaçlı un
- 2 su bardağı toz şeker
- 1 çay kaşığı karbonat
- ½ çay kaşığı sofra tuzu
- 2 çubuk (16 yemek kaşığı) tuzsuz tereyağı, küçük parçalar halinde kesilmiş
- 1½ bardak taze sıcak kahve
- ½ bardak şekersiz kakao tozu
- ¼ bardak ayran
- 2 büyük yumurta, hafifçe dövülmüş
- 1 çay kaşığı vanilya özü

KAHVE ÇİSESİ İÇİN:
- 2-3 yemek kaşığı sert kahve veya espresso, soğutulmuş
- 1 su bardağı pudra şekeri
- Bir tutam tuz
- Garnitür için çikolata bukleleri

TALİMATLAR:

KEK İÇİN:

a) Fırını önceden 350°F'ye ısıtın ve rafı orta konuma ayarlayın. Bundt tavasına pişirme spreyi püskürtün. Bir kenara koyun.
b) Büyük bir kapta un, şeker, kabartma tozu ve tuzu birlikte çırpın.
c) Orta ateşte orta boy bir tencerede 2 çubuk tereyağı, kahve ve kakao tozunu birleştirin. Karışım pürüzsüz hale gelinceye ve kenarlarından kabarcıklar çıkana kadar sürekli çırpın, ardından ocaktan alın.
ç) Hala sıcak olan kakao karışımını kuru malzemelerin içine dökün ve birleşene kadar bir spatula kullanarak katlayın. Ayranı, yumurtaları ve vanilyayı ekleyin ve pürüzsüz hale gelinceye kadar karıştırın.
d) Hamuru hazırlanan Bundt tavasına dökün ve kek yanlardan çekilinceye ve ortasına yerleştirilen bir kek test cihazı temiz çıkana kadar 45 ila 55 dakika pişirin.
e) Fırından çıkarın ve tavada birkaç dakika bekletin. Tavanın üst kısmında bir soğutma rafı tutarak pastayı rafın üzerine çevirin ve tavayı pastadan kaldırın. Tamamen soğuması için rafı kenarlı bir fırın tepsisinin üzerine yerleştirin.

KAHVE ÇİSESİ İÇİN:

f) Kek soğuduğunda kahveyi çiseleyin: Orta boy bir kapta, 2 yemek kaşığı kahveyi pudra şekeri ve tuzun üzerine dökün ve pürüzsüz hale gelinceye kadar karıştırın.
g) Çiseleyen yağmur akacak kadar gevşek fakat tutunacak kadar kalın olmalıdır. Gerektiğinde daha fazla kahve veya şeker ekleyerek kıvamı ayarlayın.
ğ) Çiseleyen suyu kekin üzerine dökün, böylece kenarlardan aşağıya damlasın ve fazlalıklar fırın tepsisinde toplansın.
h) Buzlanmayı 5 dakika bekletin, ardından çikolata bukleleriyle süsleyin.
ı) Servis yapmadan önce buzlanmanın tamamen sertleşmesine izin verin.

54. Ekşi kremalı kahveli kek

İÇİNDEKİLER:
- 1 ¼ oda sıcaklığında tereyağını eritin.
- 1 su bardağı Şeker
- 3 yumurta
- 16 ons ekşi krema
- 3 ½ su bardağı Un
- 2 çay kaşığı kabartma tozu
- 1 çay kaşığı karbonat
- ½ çay kaşığı tuz (tuzlu tereyağı kullanıyorsanız atlayın)
- Toz şeker

DOLGU:
- ⅓ bardak sıkıca paketlenmiş esmer şeker
- 2 çay kaşığı Tarçın
- 2 çay kaşığı Un
- 1 su bardağı kıyılmış ceviz (kavrulmuş cevizler en iyisidir!)

TALİMATLAR:
a) Fırını 350 derece F'ye önceden ısıtın.
b) Yapışmaz pişirme spreyi ile 10 inçlik bir tepsiye püskürtün.
c) Orta boy bir kapta un, kabartma tozu, kabartma tozu ve tuzu birlikte çırpın.
ç) Küçük bir kapta esmer şekeri, tarçını, unu ve cevizleri karıştırın.
d) Ayaklı bir karıştırıcının kasesinde tereyağını ve şekeri kabarıncaya kadar karıştırın.
e) Eklemeler arasında iyice karıştırarak yumurtaları birer birer ekleyin.
f) Un karışımını ve ekşi kremayı, un karışımıyla başlayıp biten alternatif eklemelerle ekleyin. Kenarlarını iyice kazıyın.
g) Hamurun yarısını tepsiye kaşıkla dökün. Esmer şeker karışımını hamurun üzerine serpin. Kalan hamuru üstüne dökün.
ğ) Ortasına batırdığınız kürdan temiz çıkana kadar 50-60 dakika pişirin.
h) Tavada 5 dakika soğutun.
ı) Soğutma rafına çıkarın ve üzerine pudra şekeri serpin.

55. Ganajlı Espresso Bundt Kek

İÇİNDEKİLER:
KEK İÇİN:
- 1 su bardağı toz şeker
- 1 su bardağı paketlenmiş koyu kahverengi şeker
- 3½ su bardağı çok amaçlı un
- 3 çay kaşığı kabartma tozu
- 1 çay kaşığı karbonat
- 1 çay kaşığı tuz
- ½ bardak (1 çubuk) tuzsuz tereyağı, oda sıcaklığında
- 4 yumurta
- ⅔ bardak tam yağlı ekşi krema
- ½ su bardağı bitkisel yağ
- 1 yemek kaşığı vanilya özü
- 2-3 yemek kaşığı espresso tozu
- 1⅓ bardak koyu kavrulmuş kahve veya espresso, oda sıcaklığında

GANAŞ İÇİN:
- 1 su bardağı bitter çikolata parçacıkları
- ½-¾ fincan krema

TALİMATLAR:

a) Fırını önceden 350°F'ye ısıtın. Bir tavada tereyağı ve unu yağlayın veya unlu pişirme spreyi kullanın. Bir kenara koyun.
b) Stand mikserinin kasesinde beyaz ve esmer şekeri, unu, kabartma tozunu, kabartma tozunu ve tuzu birleştirin.
c) Tereyağını ekleyin ve kumlu bir doku oluşana kadar karıştırın.
ç) Orta boy bir kapta yağı, ekşi kremayı, yumurtaları, vanilyayı ve espresso tozunu birlikte çırpın.
d) Mikser düşük devirde çalışırken, karışımı yavaş yavaş kuru malzemelerin üzerine gezdirin. Son olarak oda sıcaklığındaki kahveyi ekleyin.
e) Kek hamurunu hazırlanan tavaya dökün ve ortasına batırdığınız kürdandan sadece birkaç kırıntı çıkana kadar 60-65 dakika pişirin.
f) Tavada hafifçe soğumaya bırakın, ardından soğumayı tamamlamak için servis tabağına veya kek standına çevirin.
g) Servis yapmaya hazır olduğunuzda ganajı hazırlayın. Çikolata parçacıklarını ve kremayı mikrodalgaya dayanıklı bir kapta veya kapta birleştirin. Pürüzsüz ve kremsi bir kıvama gelinceye kadar 20 saniyelik aralıklarla mikrodalgada karıştırın. Krem miktarını istenilen dokuya göre ayarlayın.
ğ) Çikolatalı ganajı pastanızın üzerine gezdirin ve servis yapın! Bitter Çikolatalı Ganache ile Espresso Bundt Kekinizin tadını çıkarın.

56.Mocha Mermer Bundt Kek

İÇİNDEKİLER:

TABAN KEK KARIŞIMI:
- 250 gr tuzsuz tereyağı, oda sıcaklığında
- 500 gr altın pudra şekeri
- 8 büyük yumurta

BEYAZ ÇİKOLATA KARIŞIMI:
- 225g kendiliğinden kabaran un
- 100 gr beyaz çikolata, eritilip soğutulmuş
- 100 gr ekşi krema
- 2 yemek kaşığı hazır espresso tozu, 1 yemek kaşığı kaynar su ile karıştırılmış

BİTTER ÇİKOLATA KARIŞIMI:
- 100 gr bitter çikolata, eritilip soğutulmuş
- 200g kendiliğinden kabaran un
- 25 gr kakao tozu
- 120 gr ekşi krema

TALİMATLAR:

a) 10-15 fincan kapasiteli bir tepsiyi hafifçe yağlamak için bir sprey yağı kullanın; tüm yüzeyin, özellikle de merkezi sütunun kaplanmasını sağlayın. Fırını önceden 180C'ye (160C fanlı) ısıtın.

b) Büyük bir kapta, tereyağını ve şekeri elektrikli bir karıştırıcıyla hafif ve kabarık olana kadar (yaklaşık 5 dakika) krema haline getirin. Karışımın rengi neredeyse beyaz ve dokusu açık olmalıdır.

c) Yumurtaları birer birer ekleyin ve bir sonrakini eklemeden önce tamamen birleşene kadar çırpın.

ç) Hamuru iki kase arasında eşit olarak bölün.

BEYAZ ÇİKOLATA KARIŞIMI İÇİN:

d) Beyaz çikolata, ekşi krema ve espresso karışımını karıştırın.

e) Karışıma un ekleyin ve birleşene kadar karıştırın. Beyaz çikolatalı karışımı ekleyin.

BİTTER ÇİKOLATA KARIŞIMI İÇİN:

f) Pürüzsüz bir macun elde etmek için kakaoyu birkaç yemek kaşığı ekşi kremayla karıştırın. Kalan ekşi kremayı ve eritilmiş çikolatayı karıştırın. Karışıma un ekleyin ve karıştırın.

g) Hazırlanan tavaya iki hamurdan kaşık dolusu dönüşümlü olarak dökün.

ğ) Hamurları bir tereyağı bıçağıyla yavaşça karıştırın.

h) Önceden ısıtılmış fırında yaklaşık 50-60 dakika veya kekin içine batırdığınız kürdan temiz çıkana kadar pişirin.

ı) Pastayı kalıptan çıkarmak için ters çevirmeden önce 10 dakika boyunca tel ızgara üzerinde soğutun. Servis yapmadan önce tamamen soğumasını bekleyin.

i) Üzeri kapalı tutulduğunda kek 3-4 gün taze kalacaktır. Eğlence!

57.İrlanda Kahveli Bundt Kek

İÇİNDEKİLER:

- 3 su bardağı çok amaçlı un
- 1 çay kaşığı kabartma tozu
- 1/2 çay kaşığı karbonat
- 1/4 çay kaşığı tuz
- 1 su bardağı tuzsuz tereyağı, yumuşatılmış
- 2 su bardağı toz şeker
- 4 yumurta
- 2 çay kaşığı vanilya özü
- 1 fincan güçlü demlenmiş kahve, soğutulmuş
- 1/4 bardak İrlanda viskisi
- 1 yemek kaşığı hazır kahve granülü

SIR:

- 1 su bardağı pudra şekeri
- 2 yemek kaşığı İrlanda viskisi
- 1 yemek kaşığı demlenmiş kahve

TALİMATLAR:

a) Fırını 350°F'ye (175°C) önceden ısıtın. Bir tepsiyi yağlayıp unlayın.

b) Unu, kabartma tozunu, kabartma tozunu ve tuzu birlikte çırpın.

c) Tereyağı ve şekeri kabarıncaya kadar krema haline getirin. Yumurtaları birer birer çırpın, ardından vanilyayı ekleyip karıştırın. Hazır kahveyi demlenmiş kahvenin içinde çözün. Kuru malzemelerle başlayıp bitirerek, hamura dönüşümlü olarak kuru malzemeleri ve kahve karışımını ekleyin. Viskiyi karıştırın.

ç) Hazırlanan tavaya dökün. 60-70 dakika veya batırdığınız kürdan temiz çıkana kadar pişirin. Tavada soğutun, ardından tel ızgara üzerine ters çevirin.

d) Sır için pudra şekeri, viski ve kahveyi pürüzsüz hale gelinceye kadar karıştırın. Soğuyan kekin üzerine gezdirin.

58. Vanilyalı Süt Bundt Kek

İÇİNDEKİLER:
- 3 su bardağı çok amaçlı un
- 1 çay kaşığı kabartma tozu
- 1/2 çay kaşığı karbonat
- 1/4 çay kaşığı tuz
- 1 su bardağı tuzsuz tereyağı, oda sıcaklığında
- 2 su bardağı toz şeker
- 4 yumurta
- 2 çay kaşığı vanilya özü
- 1 su bardağı ekşi krema
- 1/2 fincan güçlü demlenmiş kahve, soğutulmuş
- 2 yemek kaşığı hazır espresso tozu

SIR:
- 1 su bardağı pudra şekeri
- 2-3 yemek kaşığı süt
- 1 çay kaşığı vanilya özü

TALİMATLAR:
a) Fırını 350°F'ye (175°C) önceden ısıtın. Bir tepsiyi yağlayıp unlayın.
b) Unu, kabartma tozunu, kabartma tozunu ve tuzu birlikte çırpın.
c) Tereyağı ve şekeri hafif ve kabarık olana kadar kremalayın. Yumurtaları birer birer ekleyin, ardından vanilyayı ekleyip karıştırın. Espresso tozunu demlenmiş kahvede çözün. Kuru malzemelerle başlayıp bitirerek, hamura dönüşümlü olarak kuru malzemeleri ve kahve karışımını ekleyin. Ekşi kremayı karıştırın.
ç) Hazırlanan tavada 55-65 dakika pişirin. Soğutun, ardından bir rafa ters çevirin.
d) Sır için pudra şekeri, süt ve vanilyayı birlikte çırpın. Kekin üzerine gezdirin.

59.Çikolatalı Espresso Fasulyeli Bundt Kek

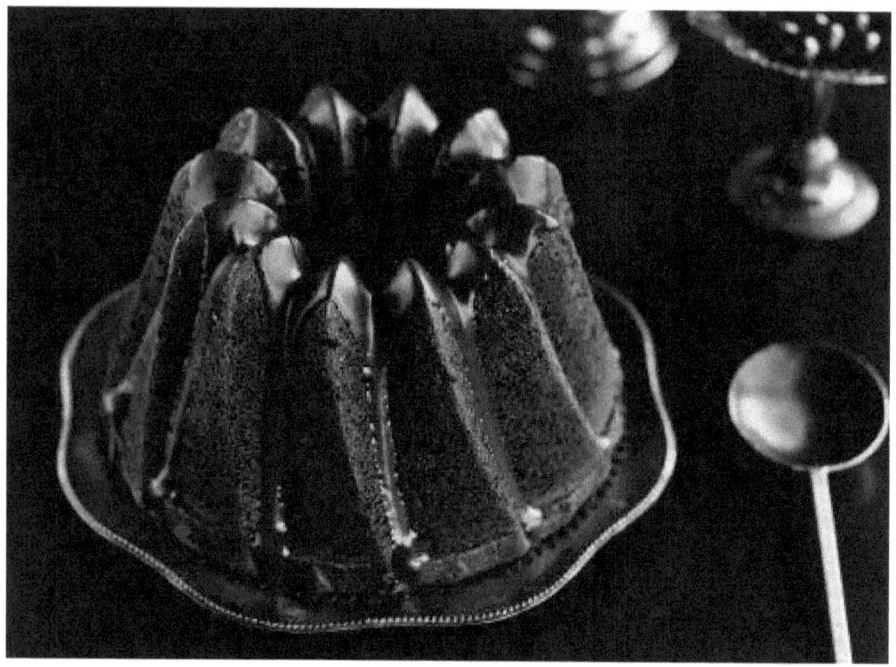

İÇİNDEKİLER:
- 2 1/2 bardak çok amaçlı un
- 1/2 bardak şekersiz kakao tozu
- 1 çay kaşığı karbonat
- 1/4 çay kaşığı tuz
- 1 su bardağı tuzsuz tereyağı, yumuşatılmış
- 2 su bardağı toz şeker
- 4 yumurta
- 1 çay kaşığı vanilya özü
- 1 bardak ayran
- 1/2 fincan güçlü demlenmiş espresso, soğutulmuş
- 1 bardak çikolata kaplı espresso çekirdeği, iri doğranmış

SIR:
- 1 su bardağı pudra şekeri
- 2 yemek kaşığı espresso, soğutulmuş
- Garnitür için çikolata kaplı espresso çekirdekleri

TALİMATLAR:
a) Fırını 350°F'ye (175°C) önceden ısıtın. Bir tepsiyi yağlayıp unlayın.
b) Un, kakao, kabartma tozu ve tuzu birlikte çırpın.
c) Tereyağı ve şekeri kabarıncaya kadar krema haline getirin. Yumurtaları birer birer çırpın, ardından vanilyayı ekleyin. Kuru malzemelerle başlayıp bitirerek, hamura dönüşümlü olarak kuru malzemeler ve ayran ekleyin. Espressoyu karıştırın. Kıyılmış espresso çekirdeklerini katlayın.
ç) Hazırlanan tavaya dökün. 60-70 dakika pişirin. Soğutun, ardından bir rafa ters çevirin.
d) Sır için pudra şekeri ve espressoyu karıştırın. Kekin üzerine gezdirin ve espresso çekirdekleriyle süsleyin.

60. Tarçınlı Kahve Streusel Bundt Kek

İÇİNDEKİLER:
- 3 su bardağı çok amaçlı un
- 1 yemek kaşığı kabartma tozu
- 1/2 çay kaşığı tuz
- 1 su bardağı tuzsuz tereyağı, oda sıcaklığında
- 2 su bardağı toz şeker
- 4 yumurta
- 1 çay kaşığı vanilya özü
- 1 su bardağı ekşi krema
- 1/2 fincan güçlü demlenmiş kahve, soğutulmuş

STREUSEL:
- 1 su bardağı esmer şeker
- 2 çay kaşığı öğütülmüş tarçın
- 1 su bardağı kıyılmış ceviz

SIR:
- 1 su bardağı pudra şekeri
- 2 yemek kaşığı süt
- 1/2 çay kaşığı tarçın

TALİMATLAR:
a) Fırını 350°F'ye (175°C) önceden ısıtın. Bir tepsiyi yağlayıp unlayın.
b) Unu, kabartma tozunu ve tuzu birlikte çırpın.
c) Tereyağı ve şekeri kabarıncaya kadar krema haline getirin. Yumurtaları birer birer, ardından vanilyayı ekleyin. Kuru malzemelerle başlayıp bitirerek, hamura dönüşümlü olarak kuru malzemeler ve ekşi krema ekleyin. Kahveyi karıştırın.
ç) Streusel malzemelerini karıştırın. Hamurun yarısını tavaya dökün, üstüne streusel'in yarısını koyun, ardından katmanları tekrarlayın.
d) 65-75 dakika pişirin. Soğutun, ardından bir rafa ters çevirin.
e) Sır için pudra şekeri, süt ve tarçını çırpın. Soğuyan kekin üzerine gezdirin.

61.Fındıklı Kahveli Bundt Kek

İÇİNDEKİLER:
- 2 fincan çok amaçlı un
- 1 su bardağı toz şeker
- 1/2 su bardağı esmer şeker
- 1/2 bardak tuzsuz tereyağı, yumuşatılmış
- 1/2 fincan demlenmiş kahve, soğutulmuş
- 1/2 bardak ayran
- 2 yumurta
- 1 çay kaşığı vanilya özü
- 1 çay kaşığı kabartma tozu
- 1/2 çay kaşığı karbonat
- 1/2 çay kaşığı tuz
- 1/2 su bardağı kıyılmış fındık

GLAZÜR İÇİN:
- 1 su bardağı pudra şekeri
- 2-3 yemek kaşığı demlenmiş kahve, soğutulmuş
- 1/4 su bardağı kıyılmış fındık (süslemek için)

TALİMATLAR:

a) Fırınınızı önceden 350°F (175°C) ısıtın. Bir tepsiyi yağlayıp unlayın.
b) Büyük bir karıştırma kabında tereyağını, toz şekeri ve esmer şekeri hafif ve kabarık olana kadar krema haline getirin.
c) Yumurtaları birer birer çırpın, ardından vanilya özütünü ekleyerek karıştırın.
ç) Ayrı bir kapta un, kabartma tozu, kabartma tozu ve tuzu birleştirin.
d) Kuru malzemeleri, ayran ve demlenmiş kahve ile dönüşümlü olarak ıslak malzemelere yavaş yavaş ekleyin. Birleşene kadar karıştırın.
e) Kıyılmış fındıkları katlayın.
f) Hazırladığınız kek kalıbına hamuru dökün ve üzerini spatulayla düzeltin.
g) 40-45 dakika veya ortasına batırdığınız kürdan temiz çıkana kadar pişirin.
ğ) Tamamen soğuması için pastayı tel ızgara üzerine ters çevirmeden önce 10 dakika boyunca tavada soğumaya bırakın.
h) Sır hazırlamak için, pudra şekeri ve demlenmiş kahveyi pürüzsüz hale gelinceye kadar çırpın. Soğuyan kekin üzerine glazürü gezdirin ve kıyılmış fındık serpin.
ı) Dilimlemeden ve servis yapmadan önce sırın sertleşmesine izin verin.

62.Tiramisu Bundt Kek

İÇİNDEKİLER:

- 2 fincan çok amaçlı un
- 1 su bardağı toz şeker
- 1/2 bardak tuzsuz tereyağı, yumuşatılmış
- 1/2 fincan demlenmiş kahve, soğutulmuş
- 1/2 su bardağı süt
- 2 yumurta
- 1 çay kaşığı vanilya özü
- 1 çay kaşığı kabartma tozu
- 1/2 çay kaşığı karbonat
- 1/4 çay kaşığı tuz
- 1/4 bardak kakao tozu
- 1/4 bardak rom (isteğe bağlı)
- 1/4 su bardağı pudra şekeri (tozlamak için)

MASCARPONE DOLGUSU İÇİN:

- 8 ons mascarpone peyniri, yumuşatılmış
- 1/2 su bardağı pudra şekeri
- 1 çay kaşığı vanilya özü
- 1/2 bardak ağır krema

TALİMATLAR:
a) Fırınınızı önceden 350°F (175°C) ısıtın. Bir tepsiyi yağlayıp unlayın.
b) Büyük bir karıştırma kabında tereyağını ve toz şekeri hafif ve kabarık olana kadar krema haline getirin.
c) Yumurtaları birer birer çırpın, ardından vanilya özütünü ekleyerek karıştırın.
ç) Ayrı bir kapta un, kabartma tozu, kabartma tozu, tuz ve kakao tozunu birleştirin.
d) Demlenmiş kahve ve sütle dönüşümlü olarak kuru malzemeleri ıslak malzemelere yavaş yavaş ekleyin. Birleşene kadar karıştırın.
e) Hazırladığınız kek kalıbına hamurun yarısını dökün.
f) Başka bir kapta mascarpone peynirini, pudra şekerini ve vanilya özünü pürüzsüz hale gelinceye kadar çırpın.
g) Ayrı bir kapta, ağır kremayı sert tepeler oluşuncaya kadar çırpın. Çırpılmış kremayı mascarpone karışımına yavaşça katlayın.
ğ) Tavadaki hamurun üzerine mascarpone dolgusunu yayın.
h) Kalan hamuru dolgunun üzerine dökün ve üstünü bir spatula ile düzeltin.
ı) 45-50 dakika veya ortasına batırdığınız kürdan temiz çıkana kadar pişirin.
i) Tamamen soğuması için pastayı tel ızgara üzerine ters çevirmeden önce 10 dakika boyunca tavada soğumaya bırakın.
j) Rom kullanıyorsanız, kürdanla kekin üzerine delikler açın ve romu üstüne gezdirin.
k) Servis etmeden önce soğuyan keki üzerine pudra şekeri serpin.

63.Kahveli Cevizli Bundt Kek

İÇİNDEKİLER:
- 2 fincan çok amaçlı un
- 1 su bardağı toz şeker
- 1/2 su bardağı esmer şeker
- 1/2 bardak tuzsuz tereyağı, yumuşatılmış
- 1/2 fincan demlenmiş kahve, soğutulmuş
- 1/2 bardak ayran
- 2 yumurta
- 1 çay kaşığı vanilya özü
- 1 çay kaşığı kabartma tozu
- 1/2 çay kaşığı karbonat
- 1/2 çay kaşığı tuz
- 1 su bardağı kıyılmış ceviz

GLAZÜR İÇİN:
- 1 su bardağı pudra şekeri
- 2-3 yemek kaşığı demlenmiş kahve, soğutulmuş

TALİMATLAR:
a) Fırınınızı önceden 350°F (175°C) ısıtın. Bir tepsiyi yağlayıp unlayın.
b) Büyük bir karıştırma kabında tereyağını, toz şekeri ve esmer şekeri hafif ve kabarık olana kadar krema haline getirin.
c) Yumurtaları birer birer çırpın, ardından vanilya özütünü ekleyerek karıştırın.
ç) Ayrı bir kapta un, kabartma tozu, kabartma tozu ve tuzu birleştirin.
d) Kuru malzemeleri, ayran ve demlenmiş kahve ile dönüşümlü olarak ıslak malzemelere yavaş yavaş ekleyin. Birleşene kadar karıştırın.
e) Kıyılmış cevizleri katlayın.
f) Hazırladığınız kek kalıbına hamuru dökün ve üzerini spatulayla düzeltin.
g) 40-45 dakika veya ortasına batırdığınız kürdan temiz çıkana kadar pişirin.
ğ) Tamamen soğuması için pastayı tel ızgara üzerine ters çevirmeden önce 10 dakika boyunca tavada soğumaya bırakın.
h) Sır hazırlamak için, pudra şekeri ve demlenmiş kahveyi pürüzsüz hale gelinceye kadar çırpın. Soğuyan kekin üzerine glazürü gezdirin.
ı) Dilimlemeden ve servis yapmadan önce sırın sertleşmesine izin verin.

ÇİKOLATALI KEKLER

64.Çikolatalı Kek

İÇİNDEKİLER:

- 1 ½ su bardağı (150g) badem unu
- ½ bardak (75g) Natvia
- ⅓ bardak (30g) şekersiz kakao tozu
- 1 çay kaşığı (5 gr) kabartma tozu
- ⅓ bardak (85g) şekersiz badem sütü
- 2 büyük yumurta (her biri 51 gr)
- 1 çay kaşığı (5g) vanilya özü

TALİMATLAR:

a) Hava fritözünü 3 dakika boyunca 180°C'ye önceden ısıtın.

b) Büyük bir karıştırma kabında, tüm malzemeleri iyice birleşene kadar karıştırın.

c) Mini Bundt kalıbına yağ püskürtün. Not: Kek kalıpları çeşitli boyutlarda mevcuttur; ihtiyacınız olan boyut, fritözünüzün boyutuna bağlı olacaktır. Hafifçe yağ püskürtmek veya eritilmiş tereyağlı bir fırça yapışmayı önleyecektir .

ç) Hamuru kalıba boşaltın.

d) Hava fritözü sepetine yerleştirin ve 160°C'de 10 dakika pişirin.

e) Çıkarmadan önce 5 dakika soğutun.

65.Hershey'nin Kakaolu Bundt Pastası

İÇİNDEKİLER:

- ½ bardak Artı 1 Yemek Kaşığı Tuzsuz tereyağı, Bölünmüş
- 1 bardak Artı 1 Yemek Kaşığı Hershey Kakaosu (bölünmüş)
- 1¾ bardak Çok amaçlı un
- 2 su bardağı Şeker
- 2 çay kaşığı Kabartma tozu
- 1 çay kaşığı Tuz
- 3 Büyük yumurta
- 1 bardak Ayran
- 1 fincan koyu kahve
- 1 çay kaşığı Vanilya

TALİMATLAR:

a) Fırını 350F'ye önceden ısıtın. Fırın rafını fırının ortasına yerleştirin. 12 fincanlık yapışmaz Bundt tavasını 1 yemek kaşığı tereyağıyla hafifçe fırçalayın ve tavayı 1 yemek kaşığı kakaoyla cömertçe tozlayın ve fazlalığı boşaltın.

b) Kuru malzemeleri geniş bir karıştırma kabına eleyin. 1 paket tereyağını eritip soğutun. Diğer ıslak malzemelerle birleştirin ve kuru malzemelerle orta hızda 2 dakika karıştırın.

c) Hamuru tavaya dökün.

ç) 45-55 dakika veya kek kalıbın kenarlarından ayrılıncaya ve üst kısmı dokunulduğunda hafifçe geri çekilinceye kadar pişirin.

66.Çikolatalı Zencefilli Bundt Kek

İÇİNDEKİLER:
- 540 gr sade un
- ½ Bardak Bourneville Kakao
- ½ çay kaşığı bikarbonatlı soda
- 1 ½ yemek kaşığı yenibahar
- 4 yumurta
- 240 gr esmer şeker
- 200 ml altın şurubu
- 250 gr tereyağı
- 200 ml koyulaştırılmış krema
- 300 ml süt
- Krem Peynir sır
- 240 gr pudra şekeri
- 250 gr Philadelphia krem peyniri
- ½ su bardağı limon suyu
- Süslemek için altın varak (isteğe bağlı)

TALİMATLAR:
a) Fırını fanlı 175C'ye önceden ısıtın.
b) 12 fincanlık Bundt kalıbını yağlayın. Bir kenara koyun.
c) Un, BOURNEVILLE kakao, bikarbonatlı soda, tuz ve baharatları bir kasede karıştırın. Bir kenara koyun.
ç) Yumurta ve şekeri mikserle 3 dakika köpük köpük olana kadar çırpın. Altın şurubu ekleyin ve pürüzsüz olana kadar çırpın.
d) Tereyağını bir tencerede eritip krema ve sütü ekleyip karıştırın.
e) Kuru malzemeleri ve tereyağı karışımını dönüşümlü olarak yumurta karışımına ekleyin ve pürüzsüz hale gelinceye kadar karıştırın.
f) Hamuru hazırlanan tavaya dökün. En alt rafta 1 saat, batırdığınız kürdan temiz çıkana kadar pişirin.
g) Fırından çıkarın ve 15 dakika boyunca tavada soğumaya bırakın, ardından tamamen soğuması için soğutma rafına kalıptan çıkarın. İstenirse düz hale getirmek için tabanı kesin.
ğ) Glazeyi hazırlamak için şekeri ve PHILADELPHIA Krem Peyniri bir kasede birleştirin ve pürüzsüz ve kremsi bir kıvama gelinceye kadar çırpın. İstenilen kıvama gelinceye kadar limon suyunu karıştırın.
h) Soğuyan kekin üzerine glazürü dökün.
ı) Altın varakla süsleyin.

67.Nutellalı Bundt Kek

İÇİNDEKİLER:
KEK İÇİN:
- 3 su bardağı çok amaçlı un
- 2 ½ çay kaşığı kabartma tozu
- 1 çay kaşığı koşer tuzu
- 2 su bardağı toz şeker
- 1 su bardağı zeytinyağı
- ¾ bardak tam yağlı sade yoğurt
- ½ su bardağı Mascarpone peyniri
- 4 büyük yumurta
- 1 yemek kaşığı vanilya özü
- 1 bardak tam yağlı süt
- 1 yemek kaşığı kakao tozu, elenmiş
- ¼ bardak Nutella

NUTELLA GANAŞI İÇİN:
- 1 bardak Nutella
- 1 bardak ağır krema
- ⅓ fincan tuzsuz tereyağı
- 1 çay kaşığı koşer tuzu
- 2 yemek kaşığı hafif mısır şurubu

TALİMATLAR:
KEK YAPMAK İÇİN:
a) Fırını 350F dereceye kadar önceden ısıtın. Bir demet veya tüp kek kalıbını tereyağı veya yapışmaz pişirme spreyi ile kaplayın. Unu hafifçe tozlayın, fazlalığı boşaltın.
b) Orta boy bir kapta un, kabartma tozu ve tuzu çırpın. Bir kenara koyun.
c) Büyük bir kapta şekeri, zeytinyağını, yoğurdu ve mascarpone peynirini el mikseri kullanarak karıştırın. Yumurtaları birer birer tamamen karışana kadar çırpın, ardından vanilya ve sütü ekleyin.
ç) Düşük hızda, un karışımını ıslak malzemelerle birleşene kadar karıştırın. Yaklaşık 2 bardak hamuru boş bir un kabına alın ve kakao tozu ve Nutella'yı çırpın. Çikolata hamuru oluşana kadar karıştırın.
d) Vanilya hamurunu hazırlanan tavaya dökün. Hamuru eşitlemek için dokunun. Bir kepçe veya dondurma kepçesi kullanarak çikolatalı hamuru vanilyalı hamurun üzerine dökün.
e) Bir bıçak veya şiş kullanarak, hamurları bir bilye oluşturmaya yetecek kadar karıştırın, ancak fazla karıştırmayın.
f) 50 dakika veya ortasına batırdığınız kürdan temiz çıkana kadar pişirin. Tavadan çıkarmadan önce bir saat soğumaya bırakın.

GANAŞIN YAPILMASI:
g) Nutella'yı orta boy bir kaseye yerleştirin. Ağır kremayı, tereyağını, tuzu ve mısır şurubunu bir tencerede neredeyse kaynayana kadar ısıtın.
ğ) Sıcak krema karışımını Nutella'nın üzerine dökün ve pürüzsüz hale gelinceye kadar karıştırın. Kalınlaşması için 15 ila 20 dakika bekletin. Ganajı sıcak kekin üzerine dökün ve servis yapmadan önce bekletin. Nutella Bundt Pastanızın tadını çıkarın!

68.Çikolatalı Bundt Kek

İÇİNDEKİLER:
ÇİKOLATA CİPLİ KEK İÇİN:
- 3 su bardağı (360g) çok amaçlı un
- 2 çay kaşığı kabartma tozu
- ½ çay kaşığı tuz
- ½ çay kaşığı öğütülmüş tarçın
- ¼ çay kaşığı öğütülmüş hindistan cevizi
- 1 su bardağı (227g) tuzsuz tereyağı, oda sıcaklığında
- 1 8 onsluk tuğla (227g) krem peynir, oda sıcaklığında
- 2 su bardağı (398g) toz şeker
- 1 yemek kaşığı (14ml) vanilya özü
- ½ çay kaşığı badem özü (isteğe bağlı)
- 5 büyük yumurta, oda sıcaklığında
- ⅓ bardak (76g) ekşi krema, oda sıcaklığında
- ⅓ bardak (76ml) nötr yağ (kanola, bitkisel veya sıvılaştırılmış rafine hindistan cevizi yağı gibi)
- 1 ve ½ bardak (8 ons) mini çikolata parçacıkları

ÇİKOLATA SIRASI İÇİN:
- 4 ons (113g) bitter çikolata, ince doğranmış
- ½ bardak (113ml) krema
- 1 ve ½ çay kaşığı mısır şurubu (isteğe bağlı)

TALİMATLAR:

ÇİKOLATA CİPLİ KEK İÇİN:

a) Fırını önceden 325°F'ye ısıtın.
b) Orta boy bir kapta un, kabartma tozu, tuz, tarçın ve hindistan cevizini iyice birleşene kadar çırpın. Bir kenara koyun.
c) Kürek aparatı takılı bir stand mikserin kasesinde veya elde taşınır elektrikli mikser kullanan büyük bir kasede, tereyağını ve krem peyniri pürüzsüz ve kremsi bir kıvama gelinceye kadar orta hızda yaklaşık 1 dakika çırpın.
ç) Yavaş yavaş şekeri ekleyin, ardından hızı orta-yüksek seviyeye yükseltin ve hafif ve kabarık olana kadar yaklaşık 3 dakika çırpmaya devam edin. Vanilya ve badem özlerini çırpın.
d) Hızı orta-düşük seviyeye düşürün, ardından yumurtaları teker teker ekleyin, her eklemeden sonra iyice çırpın ve gerektiğinde kasenin kenarlarını kazıyın. Ekşi krema ve yağı çırpın.
e) Hızı en aza indirin ve un karışımını ekleyin, birleşene kadar karıştırın. Son olarak mini çikolata parçacıklarını ekleyin.
f) 10 inçlik (12 fincan) bir tepsiyi cömertçe yağlayın ve tüm köşelerin ve yarıkların kaplanmasını sağlayın. Un ile yapışmaz pişirme spreyi kullanılması tavsiye edilir. Hamuru hazırlanan tavaya dökün.
g) 55 ila 60 dakika kadar veya kek altın rengi kahverengi olana ve ortasına batırılan kürdan temiz çıkana kadar pişirin.
ğ) Pastayı 10 ila 15 dakika boyunca tel raf üzerindeki tavada soğumaya bırakın. Pastayı rafa ters çevirin ve yaklaşık 2 ila 2 ve ½ saat boyunca tamamen soğutun.

ÇİKOLATA SIRASI İÇİN:

h) Çikolatayı ince ince doğrayın ve ısıya dayanıklı küçük bir kaseye koyun. Bir kenara koyun.
ı) Kremayı orta ateşte kaynayana kadar ısıtın. Ateşten alın ve sıcak kremayı doğranmış çikolatanın üzerine dökün. 1 dakika bekletin, ardından pürüzsüz hale gelinceye kadar çırpın. Mısır şurubunu çırpın (eğer kullanıyorsanız).
i) Sırları yavaşça pastanın üzerine kaşıklayın, kenarlardan aşağı akmasını sağlayın.
j) Dilimlemeden ve servis yapmadan önce sırın en az 20 dakika kurumasını bekleyin!

69.Oreo Bundt Vanilyalı Kremalı Kek

İÇİNDEKİLER:
KEK:
- 340 gram tuzsuz tereyağı (1½ bardak, 65°F, yumuşatılmış)
- 337 gram şeker
- 75 gram esmer şeker
- 3 büyük yumurta (oda sıcaklığında)
- 1 çay kaşığı vanilya çekirdeği ezmesi (veya vanilya özü)
- 279 gram çok amaçlı un
- 1 çay kaşığı kabartma tozu
- ¾ çay kaşığı elmas kristal koşer tuzu
- 187 gram tam yağlı süt
- 40 gram siyah kakao tozu
- 20 gram şekersiz kakao tozu
- 75 gram tam yağlı ekşi krema
- 8 Oreo kurabiyesi

TOPLAMALAR:
- 130 gram pudra şekeri (elenmiş)
- 1 yemek kaşığı tuzsuz tereyağı (eritilmiş)
- 4-6 çay kaşığı tam yağlı süt
- 1 çay kaşığı vanilya çekirdeği ezmesi (veya vanilya özü)
- 4 Oreo kurabiyesi (doğranmış)

TALİMATLAR:

a) Tereyağı ve yumurtaları oda sıcaklığına getirin. Tereyağı soğuk olmalı fakat dokunulduğunda yumuşak olmalı, eriyik veya yağlı olmamalıdır.
b) Her iki şekeri de tek bir kapta ölçün. Başka bir kapta un, kabartma tozu ve tuzu birlikte çırpın. Bir kenara koyun.
c) Kakao tozunu eleyin. 10 fincanlık bir tepsiyi yapışmaz spreyle yağlayın. Bir kenara koyun.
ç) Fırını 350°F'ye önceden ısıtın.

BLOOM KAKAO TOZU:

d) Sütü küçük bir tencerede ocakta düşük-orta ateşte kaynatın, kenarlarında küçük kabarcıklar oluşana kadar tencereyi sık sık çevirin. 170°-180°F sıcaklık hedefleyin.
e) Ateşten alın ve elenmiş kakao tozunu ekleyin. Hiç topak kalmayıncaya kadar iyice çırpın, ardından ekşi krema ekleyin ve pürüzsüz ve birleşene kadar çırpın. Bir kenara koyun.

KREM TEREYAĞI VE ŞEKER:

f) Tereyağını büyük parçalar halinde kesin ve stand mikserinin kasesine yerleştirin. Yumuşatmak için orta hızda yaklaşık 1 dakika çırpın.
g) Kasenin kenarlarını kazıyın ve her iki şekeri de ekleyin. Kasede şeker kalmayıncaya kadar orta-düşük hızda çırpın, ardından hızı orta seviyeye yükseltin ve 3-7 dakika krema yapmaya devam edin.
ğ) Düzgün kremalandığında tereyağı ve şeker soluk kahverengi olacak ve yumuşak, havadar ve macun benzeri bir dokuya sahip olacaktır. Kasenin kenarlarını kazıyın.
h) Küçük bir kaseye birer birer yumurta kırın ve ardından mikser kasesine ekleyin. Bir sonraki yumurtayı eklemeden önce kaseyi kazıyarak en az 60 saniye boyunca orta hızda çırpın.
ı) Sonunda kaseyi ve çırpıcıyı kazıyın.
i) Mikser mümkün olan en düşük hızda çalışırken, kuru malzemelerle başlayıp bitirerek, kuru malzemelerin üçte birini ıslak malzemelerin yarısıyla dönüşümlü olarak ekleyin.
j) Mikseri durdurun ve her ekleme arasında kaseyi ve çırpıcıyı kazıyın.

k) Hamur çoğunlukla birleştiğinde ve sadece birkaç tane un göründüğünde karıştırıcıyı durdurun. Son kuru malzeme parçalarını karıştırmak için bir spatula kullanın.

BİRLEŞTİRMEK:
l) Yağlanmış tepsiye hamurun yaklaşık yarısını kaşıkla dökün.
m) Hamuru düzeltmek için mini bir spatula kullanın ve tavanın tüm köşelerine ve yarıklarına bastırın.
n) Oreo kurabiyelerinden oluşan bir tabakayı tavanın ortasına, birbirine olabildiğince yakın olacak şekilde yerleştirin.
o) Kalan hamuru üstüne kaşıkla dökün ve tavanın tüm köşelerine ve kıvrımlarına kadar düzeltin.
ö) Fazla hava kabarcıklarını gidermek için tavayı birkaç kez tezgaha vurun.

PİŞMEK:
p) Paket tepsisini 350 ° F'lik bir fırının ortasına 60-65 dakika boyunca yerleştirin, ortasına yerleştirilen bir kürdan veya kek test cihazı üzerine sadece birkaç kırıntı yapışarak çıkana kadar.
r) Tavayı bir soğutma rafına çıkarın. 15-20 dakika soğumaya bırakın, ardından soğumayı tamamlamak için pastayı bir soğutma rafına ters çevirin. Buzlanma eklemeden önce tamamen soğumasını bekleyin.

BUZLAMA VE KAPLAMA:
s) Pudra şekerini orta boy bir karıştırma kabına eleyin.
ş) Eritilmiş tereyağı, vanilya çekirdeği ezmesi ve daha az miktarda tam yağlı süt ekleyin. Birleştirmek için çırpın.
t) Kalın ama akışkan bir krema elde edene kadar, yalnızca gerektiği kadar, bir seferde 1 çay kaşığı veya ½ çay kaşığı yavaşça ilave süt ekleyin.
u) Pastanın üst kısmına kremayı sıkın veya gezdirin.
ü) Islak kremayı doğranmış Oreo kurabiyeleriyle doldurun, ardından kalan Oreo kırıntılarını üstüne serpin.
v) Dilimlemeden önce buzlanmanın birkaç dakika kurumasına izin verin.

70.Üçlü Çikolatalı Fudge Bundt Kek

İÇİNDEKİLER:
- 2 fincan çok amaçlı un
- 1 su bardağı şekersiz kakao tozu
- 2 çay kaşığı kabartma tozu
- 1/2 çay kaşığı karbonat
- 1/2 çay kaşığı tuz
- 1 su bardağı tuzsuz tereyağı, yumuşatılmış
- 2 su bardağı toz şeker
- 4 yumurta
- 1 çay kaşığı vanilya özü
- 1 su bardağı ekşi krema
- 1 su bardağı yarı tatlı çikolata parçaları
- 1 su bardağı sütlü çikolata parçacıkları
- 1 su bardağı beyaz çikolata parçacıkları

SIR:
- 1 su bardağı yarı tatlı çikolata parçaları
- 1/2 bardak ağır krema
- 1 yemek kaşığı tuzsuz tereyağı

TALİMATLAR:

a) Fırını 350°F'ye (175°C) önceden ısıtın. Bir tepsiyi yağlayıp unlayın.
b) Orta boy bir kapta un, kakao tozu, kabartma tozu, kabartma tozu ve tuzu birlikte çırpın.
c) Büyük bir kapta, tereyağı ve şekeri hafif ve kabarık olana kadar krema haline getirin. Yumurtaları birer birer çırpın, ardından vanilyayı ekleyip karıştırın. Kuru malzemeleri, kuru malzemelerle başlayıp biten, ekşi krema ile dönüşümlü olarak ıslak malzemelere yavaş yavaş ekleyin. Çikolata parçacıklarını katlayın.
ç) Hazırladığınız kek kalıbına hamuru dökün ve üzerini düzeltin. 50-60 dakika veya ortasına batırdığınız kürdan temiz çıkana kadar pişirin. Pastayı 10 dakika boyunca tavada soğumaya bırakın, ardından tamamen soğuması için tel rafa aktarın.
d) Glazeyi hazırlamak için yarı tatlı çikolata parçacıklarını ısıya dayanıklı bir kaseye koyun. Küçük bir tencerede ağır kremayı ve tereyağını orta ateşte kaynamaya başlayıncaya kadar ısıtın. Sıcak kremayı çikolata parçacıklarının üzerine dökün ve 2-3 dakika bekletin. Pürüzsüz olana kadar karıştırın. 10-15 dakika kadar soğumasını bekledikten sonra soğuyan kekin üzerine gezdirin.

TALİMATLAR:

a) Fırını 350°F'ye (175°C) önceden ısıtın. Bir tepsiyi yağlayıp unlayın.

b) Orta boy bir kapta un, kakao tozu, kabartma tozu, kabartma tozu ve tuzu birlikte çırpın.

c) Büyük bir kapta, tereyağı ve şekeri hafif ve kabarık olana kadar krema haline getirin. Yumurtaları birer birer çırpın, ardından vanilyayı ekleyip karıştırın. Kuru malzemeleri, kuru malzemelerle başlayıp biten, ayran ile dönüşümlü olarak ıslak malzemelere yavaş yavaş ekleyin.

ç) Küçük bir kapta, ahududu girdabını yapmak için ahududuları şekerle ezin.

d) Hazırladığınız kek kalıbına hamurun yarısını dökün. Ahududuların yarısını hamurun üzerine dökün. Kalan meyilli ve ahududulu girdapla tekrarlayın. Hamuru ve ahududu karışımını yavaşça döndürmek için bir bıçak kullanın.

e) 50-60 dakika veya ortasına batırdığınız kürdan temiz çıkana kadar pişirin. Pastayı 10 dakika boyunca tavada soğumaya bırakın, ardından tamamen soğuması için tel rafa aktarın.

f) Sır yapmak için pudra şekeri, süt ve vanilya özünü pürüzsüz hale gelinceye kadar çırpın. Soğuyan kekin üzerine gezdirin.

72.Bitter Çikolatalı Portakallı Bundt Kek

İÇİNDEKİLER:
- 2 fincan çok amaçlı un
- 1 su bardağı şekersiz kakao tozu
- 1 1/2 çay kaşığı kabartma tozu
- 1/2 çay kaşığı karbonat
- 1/2 çay kaşığı tuz
- 1 su bardağı tuzsuz tereyağı, yumuşatılmış
- 2 su bardağı toz şeker
- 4 yumurta
- 1 portakalın kabuğu rendesi
- 1/2 su bardağı taze sıkılmış portakal suyu
- 1 su bardağı ekşi krema
- 1 su bardağı yarı tatlı çikolata parçaları

SIR:
- 1 su bardağı yarı tatlı çikolata parçaları
- 1/2 bardak ağır krema
- 1 portakalın kabuğu rendesi (isteğe bağlı)

TALİMATLAR:

a) Fırını 350°F'ye (175°C) önceden ısıtın. Bir tepsiyi yağlayıp unlayın.
b) Orta boy bir kapta un, kakao tozu, kabartma tozu, kabartma tozu ve tuzu birlikte çırpın.
c) Büyük bir kapta, tereyağı ve şekeri hafif ve kabarık olana kadar krema haline getirin. Yumurtaları birer birer çırpın, ardından portakal kabuğu rendesi ve suyunu ekleyerek karıştırın. Kuru malzemeleri, kuru malzemelerle başlayıp biten, ekşi krema ile dönüşümlü olarak ıslak malzemelere yavaş yavaş ekleyin. Çikolata parçacıklarını katlayın.
ç) Hazırladığınız kek kalıbına hamuru dökün ve üzerini düzeltin. 50-60 dakika veya ortasına batırdığınız kürdan temiz çıkana kadar pişirin. Pastayı 10 dakika boyunca tavada soğumaya bırakın, ardından tamamen soğuması için tel rafa aktarın.
d) Glazeyi hazırlamak için yarı tatlı çikolata parçacıklarını ısıya dayanıklı bir kaseye koyun. Küçük bir tencerede, ağır kremayı orta ateşte kaynamaya başlayıncaya kadar ısıtın. Sıcak kremayı çikolata parçacıklarının üzerine dökün ve 2-3 dakika bekletin. Pürüzsüz olana kadar karıştırın . 10-15 dakika kadar soğumasını bekledikten sonra soğuyan kekin üzerine gezdirin. İstenirse portakal kabuğu rendesi serpin.

PEYNİRLİ KEKLER

73.Kırmızı Kadife Bundt Kek

İÇİNDEKİLER:
- 1 ¼ su bardağı bitkisel yağ
- 1 bardak ayran
- 2 yumurta
- 2 yemek kaşığı kırmızı gıda boyası
- 1 çay kaşığı elma sirkesi
- 1 çay kaşığı vanilya özü
- 2 ½ su bardağı sade un
- 1 ¾ su bardağı pudra şekeri
- 1 çay kaşığı karbonat
- Bir tutam tuz
- 1 ½ yemek kaşığı kakao tozu

KREM PEYNİR SIR:
- 225 gr (8 ons) krem peynir, oda sıcaklığında
- 5 yemek kaşığı tuzsuz tereyağı
- 2 ½ su bardağı pudra şekeri
- 1 çay kaşığı vanilya özü

TALİMATLAR:
a) Fırını önceden 180 derece C'ye ısıtın. Tavayı yağlayın ve unlayın.
b) Stand mikserinde veya elektrikli mikserle yağı, ayranı, yumurtayı, gıda boyasını, sirkeyi ve vanilyayı birleştirin. İyice karıştırın.
c) Ayrı bir kapta kuru malzemeleri birlikte eleyin. Yavaş yavaş ıslak malzemelere ekleyin, pürüzsüz hale gelinceye kadar çırpın.
ç) Hamuru hazırlanan tavaya dökün. 50 dakika veya kürdan temiz çıkana kadar pişirin.
d) Fırından çıkarın ve 10 dakika bekletin. Kenarlarını yavaşça gevşetin ve tamamen soğuması için tel ızgaraya çevirin.
e) Soğuduktan sonra üzerine krem şantiyi kaşıkla dökün.

KREM PEYNİR SIRASINI HAZIRLAMAK İÇİN :
f) Tereyağı ve krem peyniri bir stand mikserinde veya elektrikli bir karıştırıcıyla birleştirin.
g) Yavaş yavaş şekeri ve vanilyayı düşük hızda ekleyerek birleştirin, ardından yüksek hızda üç dakika çırpın.

74.Balkabağı Krem Peynirli Bundt Kek

İÇİNDEKİLER:
KEK:
- 1 kutu katı balkabağı paketi (15 ons)
- 2 su bardağı toz şeker
- 4 büyük yumurta
- 1 su bardağı hafif zeytinyağı
- 2 fincan çok amaçlı un
- 2 çay kaşığı balkabağı turtası baharatı
- 2 çay kaşığı karbonat
- ½ çay kaşığı ince taneli deniz tuzu

KREM PEYNİR SIR:
- 4 ons krem peynir, yumuşatılmış
- ¼ bardak tuzsuz tereyağı, yumuşatılmış
- ½ çay kaşığı vanilya özü
- 1 ¾ bardak şekerleme şekeri
- ¼ bardak yarım buçuk veya süt

ŞEKERLİ CEVİZLER:
- 1 yemek kaşığı tuzsuz tereyağı
- 1 çay kaşığı vanilya özü
- 1 su bardağı ceviz yarımları ve parçaları
- ¼ su bardağı toz şeker
- ½ çay kaşığı öğütülmüş zencefil
- ½ çay kaşığı öğütülmüş tarçın
- ¼ çay kaşığı öğütülmüş karanfil

TALİMATLAR:
KEK:
a) Fırını önceden 350°F'ye ısıtın. 10 inçlik yivli bir tüp tepsisine veya demet tepsisine un bazlı pişirme spreyi püskürtün (önerilen: Baker's Joy).
b) Büyük bir kapta kabak, şeker, yumurta ve yağı iyice karışana kadar çırpın.
c) Ayrı bir kapta un, balkabağı turtası baharatı, kabartma tozu ve tuzu birlikte çırpın. Kuru malzemeleri yavaş yavaş kabak karışımına iyice karışıncaya kadar çırpın.
ç) Hamuru hazırlanan fırın tepsisine dökün ve 50-55 dakika veya ortasına yakın bir yere batırdığınız kürdan temiz çıkana kadar pişirin. Pastayı tel ızgara üzerine çıkarmadan önce 10 dakika kadar tavada soğumasını bekleyin. Tamamen soğutun.

KREM PEYNİR SIR:
d) Küçük bir kapta krem peyniri, tereyağını ve vanilya özünü karışana kadar çırpın.
e) Şekerleme şekerini yavaş yavaş çırpın, ardından karışım pürüzsüz ve iyice karışana kadar yarım buçuk (veya süt) ekleyin.
f) Sırları pastanın üst kısmına dökün, yayılmasını ve yanlardan aşağı akmasını sağlayın.

ŞEKERLİ CEVİZLER:
g) Orta ateşte bir tavada veya tencerede tereyağını eritin. Yanmayı önlemek için sık sık karıştırarak vanilya özü ve toz şekeri ekleyin.
ğ) Şeker erimeye başlayınca tarçını, zencefili ve karanfili ekleyin. Karışım iyice karışana kadar karıştırın.
h) Cevizleri ekleyin ve fındıklar iyice kaplanana kadar karıştırın.
ı) Isıyı kapatın ve ceviz yarımlarını ve parçalarını hemen bir parşömen kağıdına kaşıkla dökün ve topaklanmayı önlemek için bunları ayırın.
i) Fındıklar soğuduktan ve kaplama sertleştikten sonra (yaklaşık 5 dakika), buzlu kekin üzerine serpin.
j) Servis yapın ve lezzetlerin enfes kombinasyonunun tadını çıkarın!

75.Limonlu Krem Peynirli Bundt Kek

İÇİNDEKİLER:
LİMONLU KEK İÇİN:
- 3 su bardağı çok amaçlı un
- ¾ çay kaşığı karbonat
- ½ çay kaşığı tuz
- 1 su bardağı tuzsuz tereyağı, yumuşatılmış
- 2 ¼ su bardağı toz şeker
- 3 büyük yumurta
- 1 yemek kaşığı limon kabuğu rendesi
- 2 yemek kaşığı limon suyu (taze sıkılmış)
- 2 çay kaşığı vanilya özü
- 1 su bardağı ekşi krema, oda sıcaklığında
- Sarı gıda boyası

KREM PEYNİR DOLGUSU İÇİN:
- 8 ons krem peynir, yumuşatılmış
- ½ su bardağı toz şeker
- 1 büyük yumurta
- 1 yemek kaşığı limon kabuğu rendesi
- 1 çay kaşığı vanilya özü

GLAZÜR İÇİN:
- 2 su bardağı pudra şekeri
- 4-5 yemek kaşığı tam yağlı süt

TALİMATLAR:
LİMONLU KEK İÇİN:
a) Fırını önceden 325 Fahrenheit dereceye ısıtın. Standart boyutlu 10 inçlik bir tavaya yapışmaz sprey püskürterek tüm köşelerin ve aralıkların kaplanmasını sağlayın.

b) Orta boy bir kapta un, kabartma tozu ve tuzu birlikte çırpın. Bir kenara koyun.

c) Kürek aparatlı bir stand mikserinde veya el mikseri olan büyük bir kapta, tereyağı ve şekeri hafif ve kabarık olana kadar birleştirin. Yanları kazıyın.

ç) Yumurtaları teker teker ekleyin, her birini tamamen ekleyerek bir sonrakini ekleyin.

d) Limon kabuğu rendesi, limon suyu ve vanilyayı ekleyip karıştırın. Kasenin altını ve yanlarını kazıyın.
e) Un karışımının yarısını ekleyin, birleşene kadar karıştırın, ardından ekşi kremanın yarısını ekleyin. Kasenin bütünlüğünü sağlamak için kazımayı sağlayarak, kalan un ve ekşi krema ile aynı işlemi tekrarlayın.
f) Gıda boyasını ekleyin ve iz bırakmadan istenilen rengi elde edene kadar karıştırın. Hamuru bir kenara koyun.

KREM PEYNİR DOLGUSU İÇİN:

g) Başka bir orta kapta, krem peyniri bir el veya stand mikseri ile pürüzsüz hale gelinceye kadar çırpın.
ğ) Şekeri ekleyin ve birleşene kadar karıştırın.
h) Yumurtayı, limon kabuğu rendesini ve vanilya özünü pürüzsüz hale gelinceye ve birleşene kadar karıştırın.
ı) Hazırladığınız kek hamurunun yaklaşık yarısını kek kalıbına dökün.
i) Krem peynir dolgusunu kalıbın kenarlarından ve ortasından kaçınarak kek hamurunun üzerine dökün.
j) Kalan kek hamurunu da üzerine ekleyip eşit şekilde düzeltin.
k) Pastayı 60 ila 75 dakika veya kürdan temiz çıkana kadar pişirin. Birkaç nemli kırıntı kabul edilebilir.
l) Pastayı 10 dakika boyunca tavada soğumaya bırakın, ardından tamamen soğuması için tel ızgara üzerine ters çevirin.

GLAZÜR İÇİN:

m) Kek soğuduğunda, orta boy bir kapta pudra şekeri ve sütü pürüzsüz hale gelinceye kadar çırparak glazürü hazırlayın. 4 yemek kaşığı sütle başlayın ve gerekirse daha fazlasını ekleyin. Sır kalın fakat dökülebilir olmalıdır.
n) Pastayı bir kek standına veya servis tabağına yerleştirin. Glazürü kekin üzerine eşit şekilde dökün.
o) Sırın yaklaşık 30 dakika kadar ayarlanmasına izin verin.
ö) Parçalara bölün ve limon, krem peynir ve tatlılığın enfes birleşiminin tadını çıkarın. Eğlence!

76.Çikolatalı Krem Peynirli Bundt Kek

İÇİNDEKİLER:
KEK İÇİN:
- ½ bardak (113g) tereyağı, oda sıcaklığında
- ½ su bardağı (110g) bitkisel yağ
- 1 ½ su bardağı (300 gr) şeker
- 3 yumurta
- 1 çay kaşığı (5g) vanilya özü
- 1 su bardağı (240g) ayran
- 2 ¼ bardak (280g) çok amaçlı un
- ¾ bardak (90g) kakao tozu
- 3 çay kaşığı (12g) kabartma tozu
- 1 çay kaşığı (5 gr) tuz

KREM PEYNİR DOLGUSU İÇİN:
- 12 ons (350g) krem peynir, oda sıcaklığında
- ¼ su bardağı (50 gr) toz şeker
- 1 yumurta
- 1 çay kaşığı (5g) vanilya özü

ÇİKOLATA GANAŞI İÇİN:
- 4 ons (120g) yarı tatlı çikolata
- ½ su bardağı (120 gr) krem şanti

TALİMATLAR:
a) Fırını önceden 350F'ye (180C) ısıtın. 9 veya 10 inçlik (23-25 cm) bir tavada tereyağı ve un ile toz haline getirin.

ÇİKOLATALI KEK HAMURUNUN HAZIRLANIŞI:
b) Büyük bir kapta un, kakao tozu, tuz ve kabartma tozunu birlikte çırpın. Bir kenara koyun.
c) Başka bir kapta tereyağını şeker ve bitkisel yağla krema kıvamına gelinceye kadar karıştırın. Yumurtaları birer birer ekleyin. Vanilya özü ekleyin ve birleştirmek için karıştırın.
ç) Mikserin düşük ayarındayken, hepsi iyice birleşene kadar dönüşümlü olarak ayran ve un karışımını yavaş yavaş ekleyin. Bir kenara koyun.

KREM PEYNİR DOLGUSUNUN YAPILIŞI:
d) Büyük bir kapta krem peyniri pürüzsüz hale gelinceye kadar karıştırın.
e) Şekeri, yumurtayı ve vanilya özütünü ekleyin ve iyice birleşene kadar karıştırın.

KEKİ BİRLEŞTİRİN:
f) Hazırlanan tavaya çikolata hamurunun yaklaşık üçte birinden yarısına kadar dökün. Bir hendek oluşturmak için kaşığın arkasını kullanın.
g) Krem peynir dolgusunu dikkatlice ortasına yerleştirin. Çikolatalı hamurun geri kalanını krem peynir dolgusunun üzerine ve kenarlarına yavaşça yerleştirin.
ğ) Yaklaşık 60-65 dakika veya ortasına batırdığınız kürdan temiz çıkana kadar pişirin.
h) Yaklaşık 10-15 dakika boyunca bir raf üzerindeki tavada hafifçe soğumaya bırakın. Ters çevirin ve tamamen soğutun.

ÇİKOLATA GANAŞININ HAZIRLANIŞI:
ı) Çikolatayı ve kremayı ısıya dayanıklı bir kaseye koyun ve kaynayan su dolu bir tencerenin üzerine yerleştirin. Düşük ateşte eritin.
i) Çikolatalı kekin üzerine ganajı dökün. Servis yapmadan önce biraz ayarlanmasına izin verin.
j) Artıkları buzdolabında saklayın. Çöküşün tadını çıkarın!

77.Çizkek-Döner Havuçlu Kek

İÇİNDEKİLER:

- 2 ¼ bardak çok amaçlı un
- 1 ½ çay kaşığı kabartma tozu
- 1 çay kaşığı karbonat
- ½ çay kaşığı tuz
- ½ çay kaşığı öğütülmüş tarçın
- ¼ çay kaşığı öğütülmüş hindistan cevizi
- 2 su bardağı rendelenmiş havuç
- 1 ½ su bardağı paketlenmiş açık kahverengi şeker
- ¾ bardak ezilmiş ananas, süzülmemiş
- 4 yumurta
- 1 su bardağı bitkisel yağ
- 1 çay kaşığı vanilya
- ½ su bardağı kıyılmış ceviz
- 1 paket (250 gr) krem peynir (yumuşatılmış)
- ⅓ su bardağı toz şeker
- 1 yumurta
- 1 çay kaşığı vanilya
- 1 ½ su bardağı pudra şekeri
- ½ çay kaşığı vanilya
- 3 ila 4 yemek kaşığı süt veya ağır krem şanti
- İsteğe göre süslemek için ilave ceviz

TALİMATLAR:

a) Fırını 350° F'ye ısıtın. 12 fincanlık yivli tüplü kek kalıbına pişirme spreyi sıkın veya tereyağı ve hafif unla yağlayın.

b) Büyük bir kapta un, kabartma tozu, kabartma tozu, tuz, tarçın ve hindistan cevizini karıştırın. Rendelenmiş havuç ekleyin; ceketine fırlat. Orta boy bir kapta esmer şekeri, ananası, 4 yumurtayı, bitkisel yağı ve 1 çay kaşığı vanilyayı çırpın. Kuru malzemelere ekleyin; birleşene kadar karıştırın. Kıyılmış cevizleri karıştırın.

c) Orta boy bir kapta Krem Peynir Swirl malzemelerini pürüzsüz hale gelinceye kadar çırpma teli ile çırpın.

ç) Kek hamurunun yarısını tavaya dökün. Üzerine krem peynir karışımını kaşıkla, kenarlarında 1 inç kalacak şekilde dökün. Kalan kek hamurunu da üzerine kaşıkla dökün.

d) Yaklaşık 60 dakika veya hafifçe bastırıldığında kek eski haline dönene kadar pişirin. Tavada 15 dakika soğutun, ardından yaklaşık 1 saat boyunca tamamen soğuması için soğutma rafına çıkarın.

e) Orta boy bir kapta, kalın fakat dökülebilir bir sır elde etmek için pudra şekeri, ½ çay kaşığı vanilya ve yeterli sütü karıştırın. Soğuyan kekin üzerine yavaşça dökün; üzerine ceviz serpin. Servis yapmadan önce kremanın donması için 30 dakika bekletin.

78.Limonlu Çilekli Çizkek Bundt Kek

İÇİNDEKİLER:
PEYNİRLİ KEK DOLGUSU:
- 8 ons krem peynir
- ½ su bardağı toz şeker
- 1 yumurta
- 1 çay kaşığı vanilya özü
- 2 çay kaşığı çok amaçlı un

KEK TABANI:
- 2 fincan çok amaçlı un
- 1 çay kaşığı kabartma tozu
- ½ çay kaşığı koşer tuzu
- 1 su bardağı tuzsuz tereyağı
- 1 ⅔ su bardağı toz şeker
- 4 yumurta
- ½ yemek kaşığı vanilya özü
- ⅔ bardak süt

ANAHTAR KİREÇ KEK:
- 1 limon suyu
- 2 limon kabuğu rendelenmiş
- Yeşil gıda boyası

ÇİLEKLİ PASTA:
- ½ bardak çilek, kabuğu soyulmuş ve doğranmış
- Pembe gıda boyası

ÇİLEK LİME SIRASI:
- 4 ons krem peynir
- ½ su bardağı elenmiş pudra şekeri
- 3 yemek kaşığı limon suyu
- ½ çay kaşığı limon kabuğu rendesi
- 2 adet çilek, kabuğu soyulmuş ve doğranmış

TALİMATLAR:
PEYNİRLİ KEK DOLGUSU:
a) Elektrikli karıştırıcının kasesinde krem peyniri ve şekeri iyice birleşene kadar çırpın. İyice birleşene kadar yumurtayı, vanilyayı ve unu ekleyin. Bir kenara koyun.

KEK TABANI:

b) Fırını önceden 325 derece F'ye ısıtın ve 10 fincanlık Heritage tepsiyi pişirme spreyi ile yağlayın.
c) Orta boy bir kapta un, kabartma tozu ve tuzu çırpın. Bir kenara koyun.
ç) Bir stand mikserinde, tereyağını ve şekeri orta-yüksek hızda soluk ve kabarık olana kadar 4-5 dakika kremalayın.
d) Yumurtaları teker teker karıştırın, her eklemeden sonra tamamen birleştirin. Vanilyayı ekleyin.
e) Mikserin düşük hızıyla, un karışımını dönüşümlü olarak sütle ekleyin ve birleşene kadar karıştırın.
f) Hamuru 2 kaseye ayırın. Birine limon suyu, kabuğu rendesi ve yeşil gıda boyasını, diğerine taze çilek ve pembe gıda boyasını katlayın.
g) 2 adet hamur torbası hazırlayın ve her birini hamurlardan biriyle doldurun. Hamuru, renkleri değiştirerek demet tepsisinin kıvrımlarına sıkın, diğer kıvrımlara dökülmemesine dikkat edin.
ğ) Katlar doldurulduktan sonra tavayı yarısına kadar doldurmaya devam edin. Çizkek dolgusunu hamurun ortasına dökün, tavanın kenarlarına değmesine izin vermeyin. Kalan hamuru alternatif katmanlar halinde sıkın ve istenirse mermerle kaplayın. Hamuru eşit şekilde yayın.
h) 55-60 dakika veya kürdan temiz çıkana kadar pişirin.
ı) Fırından çıkarın ve tavayı 10-15 dakika boyunca soğutma rafına aktarın. Pastayı tezgaha hafifçe vurarak gevşetin, ardından pastayı tamamen soğuması için bir soğutma rafına çevirin.

ÇİLEK LİME SIRASI:

i) Krem peyniri ve pudra şekerini küçük bir kapta birleştirin. Krema için bir karıştırıcı kullanın, iyice birleşene kadar karıştırın.
j) Limon suyunu, kabuğu rendesini ve doğranmış çilekleri bir havanda veya bir bardağın dibinde karıştırın. Krem peynir karışımına karıştırın, gerekirse daha fazla limon suyu ekleyerek inceltin.
k) Sıcak kekin üzerine glazürü dökün. Dilimlenmiş çilek ve limon kabuğu rendesi ile süsleyin.

79.Yaban Mersinli Limonlu Mascarpone Bundt Kek

İÇİNDEKİLER:
- 2 fincan çok amaçlı un
- 1 su bardağı toz şeker
- 1/2 bardak tuzsuz tereyağı, yumuşatılmış
- 1/2 bardak mascarpone peyniri, yumuşatılmış
- 1/2 su bardağı süt
- 2 yumurta
- 1 çay kaşığı vanilya özü
- 1 yemek kaşığı limon kabuğu rendesi
- 1 yemek kaşığı limon suyu
- 1 çay kaşığı kabartma tozu
- 1/2 çay kaşığı karbonat
- 1/4 çay kaşığı tuz
- 1 su bardağı taze yaban mersini

GLAZÜR İÇİN:
- 1 su bardağı pudra şekeri
- 2 yemek kaşığı limon suyu
- Garnitür için ilave limon kabuğu rendesi

TALİMATLAR:

a) Fırınınızı önceden 350°F (175°C) ısıtın. Bir tepsiyi yağlayıp unlayın.
b) Büyük bir karıştırma kabında tereyağını, mascarpone peynirini ve toz şekeri hafif ve kabarık olana kadar krema haline getirin.
c) Yumurtaları birer birer çırpın, ardından vanilya ekstraktını, limon kabuğu rendesini ve limon suyunu ekleyip karıştırın.
ç) Ayrı bir kapta un, kabartma tozu, kabartma tozu ve tuzu birleştirin.
d) Kuru malzemeleri yavaş yavaş sütle dönüşümlü olarak ıslak malzemelere ekleyin. Birleşene kadar karıştırın.
e) Taze yaban mersinlerini yavaşça katlayın.
f) Hazırladığınız kek kalıbına hamuru dökün ve üzerini spatulayla düzeltin.
g) 45-50 dakika veya ortasına batırdığınız kürdan temiz çıkana kadar pişirin.
ğ) Tamamen soğuması için pastayı tel rafa aktarmadan önce 10 dakika boyunca tavada soğumaya bırakın.
h) Sır hazırlamak için pudra şekeri ve limon suyunu pürüzsüz hale gelinceye kadar çırpın. Soğuyan kekin üzerine kremayı gezdirin ve üzerine limon kabuğu rendesi serpin.
ı) Dilimlemeden ve servis yapmadan önce sırın sertleşmesine izin verin.

80. Ricotta Portakallı Bademli Bundt Kek

İÇİNDEKİLER:

- 2 fincan çok amaçlı un
- 1 su bardağı toz şeker
- 1/2 bardak tuzsuz tereyağı, yumuşatılmış
- 1 su bardağı ricotta peyniri
- 1/4 su bardağı taze portakal suyu
- 1 portakalın kabuğu rendesi
- 2 yumurta
- 1 çay kaşığı vanilya özü
- 1 çay kaşığı badem özü
- 1 çay kaşığı kabartma tozu
- 1/2 çay kaşığı karbonat
- 1/4 çay kaşığı tuz
- Garnitür için 1/2 bardak dilimlenmiş badem

TALİMATLAR:

a) Fırınınızı önceden 350°F (175°C) ısıtın. Bir tepsiyi yağlayıp unlayın.
b) Büyük bir karıştırma kabında tereyağını, ricotta peynirini ve toz şekeri hafif ve kabarık olana kadar krema haline getirin.
c) Yumurtaları birer birer çırpın, ardından vanilya ekstraktını, badem ekstraktını, portakal suyunu ve portakal kabuğu rendesini karıştırın.
ç) Ayrı bir kapta un, kabartma tozu, kabartma tozu ve tuzu birleştirin.
d) Kuru malzemeleri yavaş yavaş ıslak malzemelere ekleyin ve birleşene kadar karıştırın.
e) Hazırladığınız kek kalıbına hamuru dökün ve üzerini spatulayla düzeltin.
f) 45-50 dakika veya ortasına batırdığınız kürdan temiz çıkana kadar pişirin.
g) Tamamen soğuması için pastayı tel rafa aktarmadan önce 10 dakika boyunca tavada soğumaya bırakın.
ğ) Soğuduktan sonra dilimlenmiş bademleri kekin üzerine serpin.
h) Dilimleyip servis yapın.

81.Akçaağaç Cevizli Krem Peynirli Kek

İÇİNDEKİLER:
- 2 fincan çok amaçlı un
- 1 su bardağı toz şeker
- 1/2 bardak tuzsuz tereyağı, yumuşatılmış
- 1 su bardağı krem peynir, yumuşatılmış
- 1/4 bardak akçaağaç şurubu
- 1/4 su bardağı süt
- 2 yumurta
- 1 çay kaşığı vanilya özü
- 1 çay kaşığı kabartma tozu
- 1/2 çay kaşığı karbonat
- 1/4 çay kaşığı tuz
- 1 su bardağı kıyılmış ceviz

GLAZÜR İÇİN:
- 1/2 su bardağı pudra şekeri
- 2 yemek kaşığı akçaağaç şurubu
- 1 yemek kaşığı süt

TALİMATLAR:

a) Fırınınızı önceden 350°F (175°C) ısıtın. Bir tepsiyi yağlayıp unlayın.
b) Büyük bir karıştırma kabında tereyağını, krem peyniri ve toz şekeri hafif ve kabarık olana kadar krema haline getirin.
c) Yumurtaları birer birer çırpın, ardından akçaağaç şurubu, süt ve vanilya özütünü ekleyerek karıştırın.
ç) Ayrı bir kapta un, kabartma tozu, kabartma tozu ve tuzu birleştirin.
d) Kuru malzemeleri yavaş yavaş ıslak malzemelere ekleyin ve birleşene kadar karıştırın.
e) Kıyılmış cevizleri katlayın.
f) Hazırladığınız kek kalıbına hamuru dökün ve üzerini spatulayla düzeltin.
g) 45-50 dakika veya ortasına batırdığınız kürdan temiz çıkana kadar pişirin.
ğ) Tamamen soğuması için pastayı tel rafa aktarmadan önce 10 dakika boyunca tavada soğumaya bırakın.
h) Sır hazırlamak için pudra şekeri, akçaağaç şurubu ve sütü pürüzsüz hale gelinceye kadar çırpın. Soğuyan kekin üzerine glazürü gezdirin.
ı) Dilimlemeden ve servis yapmadan önce sırın sertleşmesine izin verin.

82.Frambuazlı Beyaz Çikolatalı Peynirli Kek

İÇİNDEKİLER:
- 2 fincan çok amaçlı un
- 1 su bardağı toz şeker
- 1/2 bardak tuzsuz tereyağı, yumuşatılmış
- 1 su bardağı krem peynir, yumuşatılmış
- 1/4 su bardağı süt
- 2 yumurta
- 1 çay kaşığı vanilya özü
- 1 su bardağı taze ahududu
- 1/2 su bardağı beyaz çikolata parçaları

GLAZÜR İÇİN:
- 1/2 su bardağı beyaz çikolata parçaları
- 2 yemek kaşığı ağır krema
- Garnitür için ilave taze ahududu

TALİMATLAR:

a) Fırınınızı önceden 350°F (175°C) ısıtın. Bir tepsiyi yağlayıp unlayın.
b) Büyük bir karıştırma kabında tereyağını, krem peyniri ve toz şekeri hafif ve kabarık olana kadar krema haline getirin.
c) Yumurtaları birer birer çırpın, ardından süt ve vanilya özütünü ekleyerek karıştırın.
ç) Ayrı bir kapta un ve beyaz çikolata parçacıklarını birleştirin.
d) Kuru malzemeleri yavaş yavaş ıslak malzemelere ekleyin ve birleşene kadar karıştırın.
e) Taze ahududuları yavaşça katlayın.
f) Hazırladığınız kek kalıbına hamuru dökün ve üzerini spatulayla düzeltin.
g) 45-50 dakika veya ortasına batırdığınız kürdan temiz çıkana kadar pişirin.
ğ) Tamamen soğuması için pastayı tel rafa aktarmadan önce 10 dakika boyunca tavada soğumaya bırakın.
h) Sır hazırlamak için beyaz çikolata parçacıklarını ve kremayı mikrodalgaya dayanıklı bir kapta pürüzsüz hale gelinceye kadar karıştırarak eritin. Soğuyan kekin üzerine kremayı gezdirin ve taze ahududuyla süsleyin.
ı) Dilimlemeden ve servis yapmadan önce sırın sertleşmesine izin verin.

SARILMIŞ BUNDT KEKLER

83.Limoncello Bundt Kek

İÇİNDEKİLER:
KEK İÇİN:
- 2 ½ su bardağı çok amaçlı un
- 2 çay kaşığı kabartma tozu
- ½ çay kaşığı tuz
- 1 su bardağı tuzsuz tereyağı, yumuşatılmış
- 2 su bardağı toz şeker
- 4 büyük yumurta
- 1 çay kaşığı vanilya özü
- ¼ bardak Limoncello likörü
- ½ bardak süt

GLAZÜR İÇİN:
- 1 su bardağı pudra şekeri
- 2 yemek kaşığı Limoncello likörü
- 1 yemek kaşığı taze limon suyu
- Garnitür için limon kabuğu rendesi

TALİMATLAR:

a) Fırını önceden 350°F'ye (175°C) ısıtın. Bir Bundt tavasını yağlayın ve unlayın.

b) Orta boy bir kapta un, kabartma tozu ve tuzu birlikte çırpın.

c) Büyük bir karıştırma kabında tereyağını ve toz şekeri hafif ve kabarık olana kadar krema haline getirin.

ç) Yumurtaları birer birer çırpın, ardından vanilya özütünü ekleyin.

d) Kuru malzemeleri, Limoncello likörü ve sütle dönüşümlü olarak tereyağ karışımına yavaş yavaş ekleyin. Kuru malzemelerle başlayın ve bitirin.

e) Hamuru hazırlanan Bundt tavasına dökün ve eşit şekilde dağıtın.

f) 45-50 dakika veya ortasına batırdığınız kürdan temiz çıkana kadar pişirin.

g) Keki fırından çıkarıp 10 dakika kadar kalıbın içinde soğumaya bırakın. Daha sonra tamamen soğuması için tel rafa aktarın.

ğ) Sır yapmak için küçük bir kapta pudra şekeri, Limoncello likörü ve taze limon suyunu çırpın.

h) Soğuyan kekin üzerine glazürü gezdirin.

ı) Limon kabuğu rendesi ile süsleyin.

i) Enfes Ev Yapımı Limoncello Bundt Pastasını dilimleyin ve servis edin.

84. Baileys Pound Kek

İÇİNDEKİLER:
Pound KEK İÇİN:
- 1 bardak tam yağlı süt
- 1 yemek kaşığı beyaz sirke
- 3 su bardağı çok amaçlı un
- 2 çay kaşığı öğütülmüş tarçın
- ½ çay kaşığı karbonat
- ½ çay kaşığı tuz
- 1 su bardağı tuzsuz tereyağı, yumuşatılmış
- 2 ¾ su bardağı toz şeker
- 4 büyük yumurta
- 1 yemek kaşığı vanilya özü
- ¼ bardak Baileys

BAILEYS SOSU İÇİN:
- ½ su bardağı tuzsuz tereyağı
- ½ su bardağı paketlenmiş esmer şeker
- ½ su bardağı toz şeker
- ⅓ bardak yarım buçuk
- 3 yemek kaşığı Baileys

TALİMATLAR:

a) Fırını 325°F'ye önceden ısıtın. 10 inçlik bir tepsiyi pişirme spreyi veya tereyağıyla yağlayın ve unlayın. Bir kenara koyun.

b) Küçük bir kapta süt ve sirkeyi birlikte çırpın. Bir kenara koyun. Orta boy bir kapta un, tarçın, kabartma tozu ve tuzu birlikte çırpın. Bir kenara koyun.

c) Büyük bir stand mikseri kabında, tereyağını ve şekeri hafif ve kabarık olana kadar kremalayın. Yumurtaları birer birer çırpın, ardından vanilya özütünü ekleyerek iyice birleşene kadar karıştırın. Un karışımını süt ve Baileys ile dönüşümlü olarak çırpın.

ç) Hazırlanan bundt tavasına hamuru dökün. Ortası ayarlanana ve batırılan kürdan temiz çıkana kadar 55 ila 65 dakika pişirin. Kek tabağına ters çevirmeden önce pastayı 30 dakika soğumaya bırakın.

AMARETTO SOSU:

d) Tereyağı, esmer şeker ve toz şekeri küçük bir tencerede birleştirin. Orta ateşte, sık sık karıştırarak pürüzsüz hale gelinceye kadar ısıtın. Kremayı ve Baileys'i ekleyin ve kaynamaya bırakın. Sık sık karıştırarak 7 dakika pişirin. Ateşten alın ve 10 dakika soğumaya bırakın.

e) Pound keki sıcak olarak servis edin ve her dilime Baileys Sos gezdirin.

85. Viski Soslu İrlanda Kahveli Kek

İÇİNDEKİLER:
BUNDT KEK:
- 6 ons tuzsuz tereyağı, oda sıcaklığında, parçalar halinde kesilmiş, ayrıca yağlamak için ekstra
- 8 ons kahverengi şeker
- 5 ons güçlü demlenmiş kahve, oda sıcaklığı
- 2 ons İrlanda viskisi
- Büyük bir yumurtadan 3 büyük yumurta ve 1 yumurta sarısı
- 1 çay kaşığı vanilya özü
- 12 ½ ons çok amaçlı un
- 1 yemek kaşığı kabartma tozu
- 1 çay kaşığı karbonat
- ⅛ çay kaşığı tuz

VİSKİ KARAMEL SOSU:
- 3 ons tuzsuz tereyağı, parçalar halinde kesilmiş
- 3 ons esmer şeker
- 2 ons İrlanda viskisi
- 1 tutam tuz
- 2 ons ağır krem şanti

TALİMATLAR:
BUNDT KEK İÇİN:
a) Fırını önceden 350°F'ye (175°C) ısıtın. Bundt kek kalıbını tereyağıyla yağlayın.
b) Bir karıştırma kabında, oda sıcaklığındaki tereyağını ve esmer şekeri hafif ve kabarık olana kadar krema haline getirin.
c) Kremalı karışıma demlenmiş kahveyi, İrlanda viskisini, yumurtaları, yumurta sarısını ve vanilya özünü ekleyin. İyice karıştırın.
ç) Ayrı bir kapta çok amaçlı un, kabartma tozu, kabartma tozu ve tuzu birlikte çırpın.
d) Kuru malzemeleri yavaş yavaş ıslak malzemelere ekleyin ve birleşene kadar karıştırın.
e) Hamuru hazırlanan Bundt tavasına eşit şekilde yayarak dökün.
f) Önceden ısıtılmış fırında yaklaşık 45-50 dakika veya ortasına batırdığınız kürdan temiz çıkana kadar pişirin.
g) Tamamen soğuması için pastayı tel rafa aktarmadan önce tavada 10 dakika soğumaya bırakın.

VİSKİ KARAMEL SOSU İÇİN:
ğ) Karamel sosu için orta ateşte bir tencerede tereyağını eritin.
h) Esmer şeker, İrlanda viskisi ve bir tutam tuz ekleyin. Şeker eriyene ve karışım pürüzsüz hale gelinceye kadar sürekli karıştırın.
ı) Ağır krem şantiyi yavaş yavaş karıştırarak ekleyin. Sos koyulaşıncaya kadar birkaç dakika daha pişirmeye devam edin.
i) Isıdan çıkarın ve hafifçe soğumasını bekleyin.

TOPLANTI:
j) Kek tamamen soğuduktan sonra üzerine Viski Karamel Sosunu gezdirin.
k) Kek formundaki İrlanda kahvesinin zengin lezzetlerinin tadını çıkararak dilimleyin ve servis yapın.

86.Amaretto Bundt Pastası

İÇİNDEKİLER:
KEK:
- 2 ½ su bardağı un
- ¾ çay kaşığı alüminyum içermeyen kabartma tozu
- ¼ çay kaşığı karbonat
- ½ çay kaşığı tuz
- 10 yemek kaşığı tuzsuz tereyağı, oda sıcaklığında
- 3 ons badem ezmesi, küp şeklinde
- 1 ¼ su bardağı şeker
- 2 büyük yumurta, oda sıcaklığında
- 1 su bardağı az yağlı ayran, oda sıcaklığında
- 2 yemek kaşığı Amaretto
- 1 çay kaşığı saf badem özü

SIR:
- 1 yemek kaşığı eritilmiş tereyağı
- Bir tutam tuz
- 1/16 çay kaşığı saf badem özü
- 1 yemek kaşığı Amaretto
- 1 yemek kaşığı süt
- ¾ su bardağı elenmiş pudra şekeri

TALİMATLAR:

a) Fırını önceden 350°F'ye ısıtın ve 10 fincanlık bir tepsiye yapışmaz spreyi cömertçe püskürtün. Orta boy bir kapta un, kabartma tozu, kabartma tozu ve tuzu birlikte çırpın.

b) Büyük bir karıştırıcı kabında tereyağını, badem ezmesini ve şekeri orta hızda soluk ve kabarık olana kadar çırpın. Hızı en aza indirin ve yumurtaları birer birer ekleyin.

c) Ayran, Amaretto ve badem özünü küçük bir kasede birleştirin. Un karışımını, ayran karışımıyla dönüşümlü olarak (un karışımıyla başlayıp bitene kadar) üç seferde ekleyerek birleşene kadar çırpın.

ç) Hazırladığınız kek kalıbına hamuru kaşıkla dökün ve spatulayla düzeltin. Hava kabarcıklarını azaltmak için tavaya sertçe vurun.

d) Kek altın rengi oluncaya, tekrar dokunulduğunda ve ortasına yerleştirilen bir test cihazı temiz veya birkaç kırıntı eklenmiş olarak çıkana kadar 40 ila 45 dakika pişirin. Tavayı bir tel raf üzerinde 10 dakika soğutun; dikkatlice rafa ters çevirin ve tamamen soğutun.

e) Sır için eritilmiş tereyağı, tuz, badem özü, Amaretto, süt ve pudra şekerini küçük bir kasede çırpın. Servis yapmadan önce kremayı kekin üzerine gezdirin ve soğumasını bekleyin.

f) Artıkları oda sıcaklığında hava geçirmez bir kapta saklayın.

87.Romlu Üzüm Bundt Kek

İÇİNDEKİLER:

- 1 bardak koyu rom
- 1 bardak kuru üzüm
- 3 su bardağı çok amaçlı un
- 1 çay kaşığı kabartma tozu
- 1/2 çay kaşığı karbonat
- 1/2 çay kaşığı tuz
- 1 su bardağı tuzsuz tereyağı, yumuşatılmış
- 2 su bardağı toz şeker
- 4 yumurta
- 1 çay kaşığı vanilya özü
- 1 su bardağı ekşi krema

SIR:

- 1 su bardağı pudra şekeri
- 2-3 yemek kaşığı koyu rom
- 1 yemek kaşığı ağır krema

TALİMATLAR:

a) Fırını 350°F'ye (175°C) önceden ısıtın. Bir tepsiyi yağlayıp unlayın.
b) Küçük bir tencerede romu kısık ateşte ısıtın. Kuru üzümleri ekleyin ve 15-20 dakika bekletin. Drenaj yapın ve bir kenara koyun.
c) Orta boy bir kapta un, kabartma tozu, kabartma tozu ve tuzu birlikte çırpın.
ç) Büyük bir kapta, tereyağı ve şekeri hafif ve kabarık olana kadar krema haline getirin. Yumurtaları birer birer çırpın, ardından vanilyayı ekleyip karıştırın. Tereyağ karışımına yavaş yavaş kuru malzemeleri, ekşi krema ile dönüşümlü olarak, kuru malzemelerle başlayıp biten şekilde ekleyin. Islatılmış kuru üzümleri katlayın.
d) Hamuru hazırlanan tavaya dökün. 50-60 dakika veya ortasına batırdığınız kürdan temiz çıkana kadar pişirin. Tavada 10 dakika soğutun, ardından tamamen soğuması için tel ızgaraya ters çevirin.
e) Sır için pudra şekeri, rom ve kremayı pürüzsüz hale gelinceye kadar çırpın. Soğuyan kekin üzerine gezdirin.

88.Bourbon Çikolatalı Bundt Kek

İÇİNDEKİLER:

- 1 su bardağı tuzsuz tereyağı
- 1/3 su bardağı şekersiz kakao tozu
- 1 bardak su
- 2 su bardağı toz şeker
- 2 fincan çok amaçlı un
- 1 çay kaşığı karbonat
- 1/2 çay kaşığı tuz
- 2 büyük yumurta
- 1/2 bardak ekşi krema
- 1 çay kaşığı vanilya özü
- 1/4 bardak burbon

SIR:

- 1 su bardağı pudra şekeri
- 2 yemek kaşığı burbon
- 1 yemek kaşığı süt

TALİMATLAR:

a) Fırını 350°F'ye (175°C) önceden ısıtın. Bir tepsiyi yağlayıp unlayın.

b) Orta boy bir tencerede tereyağı, kakao tozu ve suyu birleştirin. Sürekli karıştırarak kaynatın. Ateşten alın.

c) Büyük bir kapta şekeri, unu, kabartma tozunu ve tuzu birlikte çırpın. Sıcak kakao karışımını ekleyin ve pürüzsüz hale gelinceye kadar çırpın.

ç) Ayrı bir kapta yumurtaları, ekşi kremayı, vanilyayı ve burbonu birlikte çırpın. Kakaolu karışıma yavaş yavaş ekleyerek iyice karışana kadar çırpın.

d) Hamuru hazırlanan tavaya dökün. 40-45 dakika veya ortasına batırdığınız kürdan temiz çıkana kadar pişirin. Tavada 10 dakika soğutun, ardından tamamen soğuması için tel ızgaraya ters çevirin.

e) Sır için pudra şekeri, burbon ve sütü pürüzsüz hale gelinceye kadar çırpın. Soğuyan kekin üzerine gezdirin.

89.Grand Marnier Portakallı Bundt Kek

İÇİNDEKİLER:
- 1 su bardağı tuzsuz tereyağı, yumuşatılmış
- 2 su bardağı toz şeker
- 4 büyük yumurta
- 3 su bardağı çok amaçlı un
- 1 yemek kaşığı kabartma tozu
- 1/2 çay kaşığı tuz
- 1 su bardağı ekşi krema
- 1/4 bardak Grand Marnier (portakal likörü)
- 2 portakalın kabuğu rendesi
- 1/4 su bardağı taze portakal suyu

SIR:
- 1 su bardağı pudra şekeri
- 2-3 yemek kaşığı Grand Marnier
- Garnitür için portakal kabuğu rendesi

TALİMATLAR:
a) Fırını 350°F'ye (175°C) önceden ısıtın. Bir tepsiyi yağlayıp unlayın.

b) Büyük bir kapta, tereyağı ve şekeri hafif ve kabarık olana kadar krema haline getirin. Yumurtaları teker teker ekleyin ve her eklemeden sonra iyice çırpın.

c) Ayrı bir kapta un, kabartma tozu ve tuzu birlikte çırpın. Un karışımıyla başlayıp biten, ekşi krema ile dönüşümlü olarak kremalı karışıma yavaş yavaş ekleyin. Grand Marnier'i, portakal kabuğu rendesini ve portakal suyunu karıştırın.

ç) Hamuru hazırlanan tavaya dökün. 50-60 dakika veya ortasına batırdığınız kürdan temiz çıkana kadar pişirin. Tavada 10 dakika soğutun, ardından tamamen soğuması için tel ızgaraya ters çevirin.

d) Sır için pudra şekeri ve Grand Marnier'i pürüzsüz hale gelinceye kadar çırpın. Soğuyan kekin üzerine dökün ve portakal kabuğu rendesi ile süsleyin.

90.Kahlua Çikolatalı Bundt Kek

İÇİNDEKİLER:
- 1 su bardağı tuzsuz tereyağı
- 1/4 su bardağı şekersiz kakao tozu
- 1 bardak su
- 2 su bardağı toz şeker
- 2 fincan çok amaçlı un
- 1 çay kaşığı karbonat
- 1/2 çay kaşığı tuz
- 2 büyük yumurta
- 1/2 bardak ekşi krema
- 1 çay kaşığı vanilya özü
- 1/2 bardak Kahlua (kahve likörü)

SIR:
- 1 su bardağı pudra şekeri
- 2 yemek kaşığı Kahlua
- 1 yemek kaşığı süt

TALİMATLAR:
a) Fırını 350°F'ye (175°C) önceden ısıtın. Bir tepsiyi yağlayıp unlayın.

b) Orta boy bir tencerede tereyağı, kakao tozu ve suyu birleştirin. Sürekli karıştırarak kaynatın. Ateşten alın.

c) Büyük bir kapta şekeri, unu, kabartma tozunu ve tuzu birlikte çırpın. Sıcak kakao karışımını ekleyin ve pürüzsüz hale gelinceye kadar çırpın.

ç) Ayrı bir kapta yumurtaları, ekşi kremayı, vanilyayı ve Kahlua'yı çırpın. Kakaolu karışıma yavaş yavaş ekleyerek iyice karışana kadar çırpın.

d) Hamuru hazırlanan tavaya dökün. 40-45 dakika veya ortasına batırdığınız kürdan temiz çıkana kadar pişirin. Tavada 10 dakika soğutun, ardından tamamen soğuması için tel ızgaraya ters çevirin.

e) Sır için pudra şekeri, Kahlua ve sütü pürüzsüz hale gelinceye kadar çırpın. Soğuyan kekin üzerine gezdirin.

91. Baharatlı Rom ve Ananaslı Bundt Kek

İÇİNDEKİLER:
- 2 fincan çok amaçlı un
- 1 su bardağı toz şeker
- 1/2 bardak tuzsuz tereyağı, yumuşatılmış
- 1/2 bardak ekşi krema
- 1/2 bardak ezilmiş ananas, süzülmüş
- 1/4 bardak baharatlı rom
- 2 yumurta
- 1 çay kaşığı vanilya özü
- 1 çay kaşığı kabartma tozu
- 1/2 çay kaşığı karbonat
- 1/4 çay kaşığı tuz

GLAZÜR İÇİN:
- 1 su bardağı pudra şekeri
- 2 yemek kaşığı baharatlı rom
- 1 yemek kaşığı ananas suyu

TALİMATLAR:

a) Fırınınızı önceden 350°F (175°C) ısıtın. Bir tepsiyi yağlayıp unlayın.
b) Büyük bir karıştırma kabında tereyağını ve toz şekeri hafif ve kabarık olana kadar krema haline getirin.
c) Yumurtaları birer birer çırpın, ardından vanilya özütünü ekleyerek karıştırın.
ç) Ekşi kremayı, ezilmiş ananası ve baharatlı romu iyice birleşene kadar karıştırın.
d) Ayrı bir kapta un, kabartma tozu, kabartma tozu ve tuzu birleştirin.
e) Kuru malzemeleri yavaş yavaş ıslak malzemelere ekleyin ve birleşene kadar karıştırın.
f) Hazırladığınız kek kalıbına hamuru dökün ve üzerini spatulayla düzeltin.
g) 45-50 dakika veya ortasına batırdığınız kürdan temiz çıkana kadar pişirin.
ğ) Tamamen soğuması için pastayı tel rafa aktarmadan önce 10 dakika boyunca tavada soğumaya bırakın.
h) Sır hazırlamak için pudra şekeri, baharatlı rom ve ananas suyunu pürüzsüz hale gelinceye kadar çırpın. Soğuyan kekin üzerine glazürü gezdirin.
ı) Dilimlemeden ve servis yapmadan önce sırın sertleşmesine izin verin.

92. Brendi ile ıslatılmış Vişneli Bademli Bundt Kek

İÇİNDEKİLER:
- 1 su bardağı kurutulmuş kiraz
- 1/2 bardak brendi
- 2 fincan çok amaçlı un
- 1 su bardağı toz şeker
- 1/2 bardak tuzsuz tereyağı, yumuşatılmış
- 1/2 bardak ekşi krema
- 1/2 su bardağı kıyılmış badem
- 2 yumurta
- 1 çay kaşığı badem özü
- 1 çay kaşığı vanilya özü
- 1 çay kaşığı kabartma tozu
- 1/2 çay kaşığı karbonat
- 1/4 çay kaşığı tuz

GLAZÜR İÇİN:
- 1 su bardağı pudra şekeri
- 2 yemek kaşığı brendi

TALİMATLAR:

a) Küçük bir kapta kurutulmuş kirazları en az 1 saat veya mümkünse bir gece boyunca brendi içinde bekletin.
b) Fırınınızı önceden 350°F (175°C) ısıtın. Bir tepsiyi yağlayıp unlayın.
c) Büyük bir karıştırma kabında tereyağını ve toz şekeri hafif ve kabarık olana kadar krema haline getirin.
ç) Yumurtaları birer birer çırpın, ardından badem özü ve vanilya özütünü ekleyerek karıştırın.
d) Ekşi kremayı iyice birleşene kadar karıştırın.
e) Ayrı bir kapta un, kabartma tozu, kabartma tozu ve tuzu birleştirin.
f) Kuru malzemeleri yavaş yavaş ıslak malzemelere ekleyin ve birleşene kadar karıştırın.
g) Islatılmış kirazları (kalan brendi dahil) ve doğranmış bademleri ekleyin.
ğ) Hazırladığınız kek kalıbına hamuru dökün ve üzerini spatulayla düzeltin.
h) 45-50 dakika veya ortasına batırdığınız kürdan temiz çıkana kadar pişirin.
ı) Tamamen soğuması için pastayı tel rafa aktarmadan önce 10 dakika boyunca tavada soğumaya bırakın.
i) Sır hazırlamak için pudra şekeri ve brendiyi pürüzsüz hale gelinceye kadar çırpın. Soğuyan kekin üzerine glazürü gezdirin.
j) Dilimlemeden ve servis yapmadan önce sırın sertleşmesine izin verin.

93. Prosecco Ahududu Bundt Kek

İÇİNDEKİLER:
- 2 fincan çok amaçlı un
- 1 su bardağı toz şeker
- 1/2 bardak tuzsuz tereyağı, yumuşatılmış
- 1/2 bardak Prosecco
- 1/2 su bardağı süt
- 1 su bardağı taze ahududu
- 2 yumurta
- 1 çay kaşığı vanilya özü
- 1 çay kaşığı kabartma tozu
- 1/2 çay kaşığı karbonat
- 1/4 çay kaşığı tuz

GLAZÜR İÇİN:
- 1 su bardağı pudra şekeri
- 2 yemek kaşığı Prosecco

TALİMATLAR:

a) Fırınınızı önceden 350°F (175°C) ısıtın. Bir tepsiyi yağlayıp unlayın.
b) Büyük bir karıştırma kabında tereyağını ve toz şekeri hafif ve kabarık olana kadar krema haline getirin.
c) Yumurtaları birer birer çırpın, ardından vanilya özütünü ekleyerek karıştırın.
ç) Prosecco ve sütü iyice birleşene kadar karıştırın.
d) Ayrı bir kapta un, kabartma tozu, kabartma tozu ve tuzu birleştirin.
e) Kuru malzemeleri yavaş yavaş ıslak malzemelere ekleyin ve birleşene kadar karıştırın.
f) Taze ahududuları yavaşça katlayın.
g) Hazırladığınız kek kalıbına hamuru dökün ve üzerini spatulayla düzeltin.
ğ) 45-50 dakika veya ortasına batırdığınız kürdan temiz çıkana kadar pişirin.
h) Tamamen soğuması için pastayı tel rafa aktarmadan önce 10 dakika boyunca tavada soğumaya bırakın.
ı) Sır yapmak için pudra şekeri ve Prosecco'yu pürüzsüz hale gelinceye kadar çırpın. Soğuyan kekin üzerine glazürü gezdirin.
i) Dilimlemeden ve servis yapmadan önce sırın sertleşmesine izin verin.

94.Tekila Limonlu Bundt Kek

İÇİNDEKİLER:
- 2 fincan çok amaçlı un
- 1 su bardağı toz şeker
- 1/2 bardak tuzsuz tereyağı, yumuşatılmış
- 1/2 bardak ekşi krema
- 1/4 bardak tekila
- 2 limonun kabuğu rendesi ve suyu
- 2 yumurta
- 1 çay kaşığı vanilya özü
- 1 çay kaşığı kabartma tozu
- 1/2 çay kaşığı karbonat
- 1/4 çay kaşığı tuz

GLAZÜR İÇİN:
- 1 su bardağı pudra şekeri
- 2 yemek kaşığı tekila
- 1 limon kabuğu rendesi

TALİMATLAR:

a) Fırınınızı önceden 350°F (175°C) ısıtın. Bir tepsiyi yağlayıp unlayın.
b) Büyük bir karıştırma kabında tereyağını ve toz şekeri hafif ve kabarık olana kadar krema haline getirin.
c) Yumurtaları birer birer çırpın, ardından vanilya özütünü ekleyerek karıştırın.
ç) Ekşi krema, tekila, limon kabuğu rendesi ve limon suyunu iyice birleşene kadar karıştırın.
d) Ayrı bir kapta un, kabartma tozu, kabartma tozu ve tuzu birleştirin.
e) Kuru malzemeleri yavaş yavaş ıslak malzemelere ekleyin ve birleşene kadar karıştırın.
f) Hazırladığınız kek kalıbına hamuru dökün ve üzerini spatulayla düzeltin.
g) 45-50 dakika veya ortasına batırdığınız kürdan temiz çıkana kadar pişirin.
ğ) Tamamen soğuması için pastayı tel rafa aktarmadan önce 10 dakika boyunca tavada soğumaya bırakın.
h) Sır yapmak için pudra şekeri ve tekilayı pürüzsüz hale gelinceye kadar çırpın. Soğuyan kekin üzerine glazürü gezdirin ve limon kabuğu rendesini serpin.
ı) Dilimlemeden ve servis yapmadan önce sırın sertleşmesine izin verin.

RENKLİ VE YARATICI

95.Gökkuşağı Girdaplı Bundt Kek

İÇİNDEKİLER:

- 2 1/2 bardak çok amaçlı un
- 1 1/2 su bardağı toz şeker
- 1 su bardağı tuzsuz tereyağı, yumuşatılmış
- 4 yumurta
- 1 bardak süt
- 1 yemek kaşığı vanilya özü
- 1 yemek kaşığı kabartma tozu
- 1/2 çay kaşığı tuz
- Jel gıda boyası (çeşitli renklerde)

TALİMATLAR:

a) Fırınınızı önceden 350°F (175°C) ısıtın. Bir tepsiyi yağlayıp unlayın.
b) Büyük bir karıştırma kabında, tereyağını ve şekeri hafif ve kabarık olana kadar krema haline getirin.
c) Yumurtaları birer birer çırpın, ardından vanilya özütünü ekleyerek karıştırın.
ç) Ayrı bir kapta un, kabartma tozu ve tuzu birleştirin.
d) Kuru malzemeleri yavaş yavaş sütle dönüşümlü olarak ıslak malzemelere ekleyin ve pürüzsüz hale gelinceye kadar karıştırın.
e) Kaç renk kullanmak istediğinize bağlı olarak hamuru ayrı kaselere eşit olarak bölün.
f) Her kaseye birkaç damla jel gıda boyası ekleyin ve istenilen renk elde edilene kadar karıştırın.
g) Renkli hamurları hazırlanan demet tavaya kaşıkla üst üste gelecek şekilde yerleştirin.
ğ) Bir bıçak veya şiş kullanarak renkleri yavaşça birbirine döndürerek mermer efekti yaratın.
h) 45-50 dakika veya ortasına batırdığınız kürdan temiz çıkana kadar pişirin.
ı) Tamamen soğuması için pastayı tel rafa aktarmadan önce 10 dakika boyunca tavada soğumaya bırakın.
i) Soğuduktan sonra dilimleyip içindeki renkli kıvrımları ortaya çıkaracak şekilde servis yapın.

96.Batik Bundt Kek

İÇİNDEKİLER:

- 2 1/2 bardak çok amaçlı un
- 1 1/2 su bardağı toz şeker
- 1 su bardağı tuzsuz tereyağı, yumuşatılmış
- 4 yumurta
- 1 bardak süt
- 1 yemek kaşığı vanilya özü
- 1 yemek kaşığı kabartma tozu
- 1/2 çay kaşığı tuz
- Jel gıda boyası (çeşitli renklerde)

TALİMATLAR:

a) Fırınınızı önceden 350°F (175°C) ısıtın. Bir tepsiyi yağlayıp unlayın.
b) Büyük bir karıştırma kabında, tereyağını ve şekeri hafif ve kabarık olana kadar krema haline getirin.
c) Yumurtaları birer birer çırpın, ardından vanilya özütünü ekleyerek karıştırın.
ç) Ayrı bir kapta un, kabartma tozu ve tuzu birleştirin.
d) Kuru malzemeleri yavaş yavaş sütle dönüşümlü olarak ıslak malzemelere ekleyin ve pürüzsüz hale gelinceye kadar karıştırın.
e) Kaç renk kullanmak istediğinize bağlı olarak hamuru ayrı kaselere eşit olarak bölün.
f) Her kaseye birkaç damla jel gıda boyası ekleyin ve istenilen renk elde edilene kadar karıştırın.
g) Her renkli hamurdan küçük parçalar halinde hazırlanan tepsiye rastgele kaşıkla dökün ve bunları üst üste koyun.
ğ) Bir bıçak veya şiş kullanarak renkleri hafifçe birbirine döndürerek batik etkisi yaratın.
h) 45-50 dakika veya ortasına batırdığınız kürdan temiz çıkana kadar pişirin.
ı) Tamamen soğuması için pastayı tel rafa aktarmadan önce 10 dakika boyunca tavada soğumaya bırakın.
i) Soğuduktan sonra dilimleyin ve içindeki canlı batik desenini ortaya çıkarmak için servis yapın.

97.Napoliten Bundt Kek

İÇİNDEKİLER:
- 2 1/2 bardak çok amaçlı un
- 1 1/2 su bardağı toz şeker
- 1 su bardağı tuzsuz tereyağı, yumuşatılmış
- 4 yumurta
- 1 bardak süt
- 1 yemek kaşığı vanilya özü
- 1 yemek kaşığı kabartma tozu
- 1/2 çay kaşığı tuz
- 1/4 su bardağı şekersiz kakao tozu
- Pembe jel gıda boyası

TALİMATLAR:
a) Fırınınızı önceden 350°F (175°C) ısıtın. Bir tepsiyi yağlayıp unlayın.
b) Büyük bir karıştırma kabında, tereyağını ve şekeri hafif ve kabarık olana kadar krema haline getirin.
c) Yumurtaları birer birer çırpın, ardından vanilya özütünü ekleyerek karıştırın.
ç) Ayrı bir kapta un, kabartma tozu ve tuzu birleştirin.
d) Kuru malzemeleri yavaş yavaş sütle dönüşümlü olarak ıslak malzemelere ekleyin ve pürüzsüz hale gelinceye kadar karıştırın.
e) Hamuru iki kaseye eşit şekilde bölün.
f) Bir kapta, şekersiz kakao tozunu çikolata hamuru oluşturmak için iyice birleşene kadar katlayın.
g) Diğer kaseye birkaç damla pembe jel gıda boyası ekleyin ve pembe hamuru oluşturmak için istenilen rengi elde edene kadar karıştırın.
ğ) Çikolatalı hamurla başlayıp biten, hazırlanan tepsiye çikolata ve pembe hamurdan oluşan alternatif katmanları kaşıklayın.
h) 45-50 dakika veya ortasına batırdığınız kürdan temiz çıkana kadar pişirin.
ı) Tamamen soğuması için pastayı tel rafa aktarmadan önce 10 dakika boyunca tavada soğumaya bırakın.
i) Soğuduktan sonra dilimleyin ve içindeki Napoliten katmanlarını ortaya çıkaracak şekilde servis yapın.

98.Portakallı Kremalı Bundt Kek

İÇİNDEKİLER:

- 2 1/2 bardak çok amaçlı un
- 1 1/2 su bardağı toz şeker
- 1 su bardağı tuzsuz tereyağı, yumuşatılmış
- 4 yumurta
- 1 bardak süt
- 1 yemek kaşığı vanilya özü
- 1 yemek kaşığı kabartma tozu
- 1/2 çay kaşığı tuz
- 2 portakalın kabuğu rendesi
- 1/4 su bardağı taze portakal suyu
- Turuncu jel gıda boyası (isteğe bağlı)

TALİMATLAR:

a) Fırınınızı önceden 350°F (175°C) ısıtın. Bir tepsiyi yağlayıp unlayın.
b) Büyük bir karıştırma kabında, tereyağını ve şekeri hafif ve kabarık olana kadar krema haline getirin.
c) Yumurtaları birer birer çırpın, ardından vanilya özü, portakal kabuğu rendesi ve portakal suyunu ekleyip karıştırın.
ç) Ayrı bir kapta un, kabartma tozu ve tuzu birleştirin.
d) Kuru malzemeleri yavaş yavaş sütle dönüşümlü olarak ıslak malzemelere ekleyin ve pürüzsüz hale gelinceye kadar karıştırın.
e) İstenirse, hamura birkaç damla turuncu jel gıda boyası ekleyin ve eşit şekilde renklenene kadar karıştırın.
f) Hazırladığınız kek kalıbına hamuru dökün ve üzerini spatulayla düzeltin.
g) 45-50 dakika veya ortasına batırdığınız kürdan temiz çıkana kadar pişirin.
ğ) Tamamen soğuması için pastayı tel rafa aktarmadan önce 10 dakika boyunca tavada soğumaya bırakın.
h) Soğuduktan sonra üzerine portakal rengi bir sır gezdirin veya ekstra bir lezzet patlaması için portakal kabuğu rendesi serpin.

99.Konfeti Funfetti Bundt Kek

İÇİNDEKİLER:

- 2 1/2 bardak çok amaçlı un
- 1 1/2 su bardağı toz şeker
- 1 su bardağı tuzsuz tereyağı, yumuşatılmış
- 4 yumurta
- 1 bardak süt
- 1 yemek kaşığı vanilya özü
- 1 yemek kaşığı kabartma tozu
- 1/2 çay kaşığı tuz
- 1/2 bardak gökkuşağı sprinkles

TALİMATLAR:

a) Fırınınızı önceden 350°F (175°C) ısıtın. Bir tepsiyi yağlayıp unlayın.
b) Büyük bir karıştırma kabında, tereyağını ve şekeri hafif ve kabarık olana kadar krema haline getirin.
c) Yumurtaları birer birer çırpın, ardından vanilya özütünü ekleyerek karıştırın.
ç) Ayrı bir kapta un, kabartma tozu ve tuzu birleştirin.
d) Kuru malzemeleri yavaş yavaş sütle dönüşümlü olarak ıslak malzemelere ekleyin ve pürüzsüz hale gelinceye kadar karıştırın.
e) Gökkuşağı serpintilerini yavaşça katlayın.
f) Hazırladığınız kek kalıbına hamuru dökün ve üzerini spatulayla düzeltin.
g) 45-50 dakika veya ortasına batırdığınız kürdan temiz çıkana kadar pişirin.
ğ) Tamamen soğuması için pastayı tel rafa aktarmadan önce 10 dakika boyunca tavada soğumaya bırakın.
h) Soğuduktan sonra üzerine vanilya kreması sürün ve şenlikli bir dokunuş için ilave gökkuşağı serpintileri serpin.

100.Şeker Patlama Bundt Kek

İÇİNDEKİLER:
KEK İÇİN:
- 2 fincan çok amaçlı un
- 1 su bardağı toz şeker
- 1 su bardağı tuzsuz tereyağı, yumuşatılmış
- 4 yumurta
- 1 su bardağı ekşi krema
- 1 çay kaşığı vanilya özü
- 1 çay kaşığı kabartma tozu
- 1/2 çay kaşığı karbonat
- 1/4 çay kaşığı tuz
- 1 bardak çeşitli şeker parçaları (M&M's, Reese's Pieces, doğranmış Snickers vb.)

GLAZÜR İÇİN:
- 1 su bardağı pudra şekeri
- 2-3 yemek kaşığı süt
- 1/2 çay kaşığı vanilya özü
- Dekorasyon için çeşitli şeker parçaları

TALİMATLAR:

a) Fırınınızı önceden 350°F (175°C) ısıtın. Bir tepsiyi yağlayıp unlayın.
b) Büyük bir karıştırma kabında tereyağını ve toz şekeri hafif ve kabarık olana kadar krema haline getirin.
c) Yumurtaları birer birer çırpın, ardından vanilya özütünü ekleyerek karıştırın.
ç) Ekşi kremayı iyice birleşene kadar karıştırın.
d) Ayrı bir kapta un, kabartma tozu, kabartma tozu ve tuzu birleştirin.
e) Kuru malzemeleri yavaş yavaş ıslak malzemelere ekleyin ve birleşene kadar karıştırın.
f) Çeşitli şeker parçalarını yavaşça katlayın.
g) Hazırladığınız kek kalıbına hamuru dökün ve üzerini spatulayla düzeltin.
ğ) 45-50 dakika veya ortasına batırdığınız kürdan temiz çıkana kadar pişirin.
h) Tamamen soğuması için pastayı tel rafa aktarmadan önce 10 dakika boyunca tavada soğumaya bırakın.
ı) Kek soğuduktan sonra pudra şekeri, süt ve vanilya özünü pürüzsüz hale gelinceye kadar çırparak glazürü hazırlayın.
i) Soğuyan kekin üzerine glazürü gezdirin ve ilave şeker parçalarıyla süsleyin.
j) Dilimlemeden ve servis yapmadan önce sırın sertleşmesine izin verin.

ÇÖZÜM

"Bundt Koleksiyonu Tarif Kitabı"nın sonuna geldiğimizde, çeşitli bundt kek tariflerini keşfetmekten ve pişirme repertuarınıza eklenecek yeni favorileri keşfetmekten keyif aldığınızı umuyoruz. İster klasik vanilyalı kekin sadeliğine kapılın, ister çikolatalı ganajla ıslanmış bir yaratımın çöküşüne kapılın, bu sayfalarda ilham sıkıntısı yok.

Bu tarifleri kendinize ait hale getirmek için yaratıcılığınızı açığa çıkarmanızı ve farklı tatlar, süslemeler ve süslemeler denemenizi öneririz. Sonuçta, yemek pişirmek talimatları takip etmek kadar kendini ifade etmekle de ilgilidir. Bu yüzden bu tariflere kendi yorumunuzu katmaktan ve hayal gücünüzün çılgına dönmesine izin vermekten korkmayın.

Pişirme yolculuğunuza devam ederken, sonuçta elde ettiğiniz mutluluğu bu süreçte de bulacağınızı umuyoruz. İster özel bir gün için ister sadece bir iştahınızı tatmin etmek için yemek yapıyor olun, un, şeker ve tereyağının bir araya gelerek lezzetli bir kek yaratma simyasında sihirli bir şeyler var.

Bu lezzetli maceraya bize katıldığınız için teşekkür ederiz. Mutfağınız taze pişmiş keklerin kokusuyla dolsun, her dilim yüzünüze bir gülümseme, kalbinize sıcaklık getirsin. Mutlu pişirme!

www.ingramcontent.com/pod-product-compliance
Lightning Source LLC
Chambersburg PA
CBHW050147130526
44591CB00033B/795